中國學術思想 研究輯刊

三三編
林慶彰 主編

第 4 冊

《墨子》道德哲學研究
韋展勛 著

花木蘭文化事業有限公司

國家圖書館出版品預行編目資料

《墨子》道德哲學研究／韋展勛 著 -- 初版 -- 新北市：花木蘭
文化事業有限公司，2021〔民110〕
目 2+158 面；19×26 公分
（中國學術思想研究輯刊 三三編；第 4 冊）
ISBN 978-986-518-433-9（精裝）
1.（周）墨翟 2. 墨子 3. 學術思想 4. 研究考訂
030.8   110000651

ISBN-978-986-518-433-9

9 789865 184339

中國學術思想研究輯刊
三三編　第 四 冊　　　　　ISBN：978-986-518-433-9

《墨子》道德哲學研究

作　　　者	韋展勛
主　　編	林慶彰
總 編 輯	杜潔祥
副總編輯	楊嘉樂
編　　輯	許郁翎、張雅淋　美術編輯　陳逸婷
出　　版	花木蘭文化事業有限公司
發 行 人	高小娟
聯絡地址	235 新北市中和區中安街七二號十三樓
	電話：02-2923-1455／傳真：02-2923-1452
網　　址	http://www.huamulan.tw 信箱 service@huamulans.com
印　　刷	普羅文化出版廣告事業
封面設計	劉開工作室
初　　版	2021 年 3 月
全書字數	135796 字
定　　價	三三編 18 冊（精裝）新台幣 48,000 元

《墨子》道德哲學研究

韋展勛 著

作者簡介

韋展勛，字續墨，好任俠，好飲酒，好玄思。祖籍為廣西宜州，出生於臺北北投。輔仁大學哲學博士，曾任崇右影藝科技大學通識中心兼任講師、現為輔仁大學哲學系、輔仁大學全人教育中心以及亞東技術學院兼任助理教授。研究內容多為：墨家哲學、先秦諸子思想與 PB（Problem-Based Learning）教學法。

提　要

　　本文試圖以《墨子》文本為理論根據進行爬梳，本文結構以前人研究之反思著手，設定研究之範圍與目的，以「思想單位」進行古籍之研究為進路並以「基源問題研究法」、「層面整體動態觀」與「創造的詮釋學」進行多軌之研究，由《墨子》文本中的道德意涵進入主題研究以時代背景為主，進而討論其道德哲學之判斷原則與其道德哲學之目的，並探討其理論之基礎如「天志」、「義」、「兼愛」以及「利」等相關概念，以進行其道德哲學理論架構之重詮，再進一步探討《墨子》道德哲學之道德判斷，並以其「三表法」思想為開端，佐以《墨辯》中的判斷方法，進而提出與西洋古典效益主義之差異性，於其後章節提出相關問題考察進行比較，並做出結論。

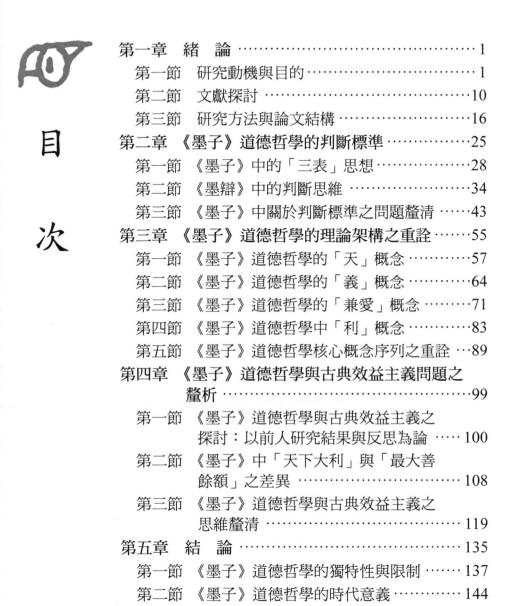

第一章　緒　論 ……………………………………… 1
　第一節　研究動機與目的 …………………………… 1
　第二節　文獻探討 ………………………………… 10
　第三節　研究方法與論文結構 …………………… 16
第二章　《墨子》道德哲學的判斷標準 …………… 25
　第一節　《墨子》中的「三表」思想 …………… 28
　第二節　《墨辯》中的判斷思維 ………………… 34
　第三節　《墨子》中關於判斷標準之問題釐清 … 43
第三章　《墨子》道德哲學的理論架構之重詮 …… 55
　第一節　《墨子》道德哲學的「天」概念 ……… 57
　第二節　《墨子》道德哲學的「義」概念 ……… 64
　第三節　《墨子》道德哲學的「兼愛」概念 …… 71
　第四節　《墨子》道德哲學中「利」概念 ……… 83
　第五節　《墨子》道德哲學核心概念序列之重詮 … 89
第四章　《墨子》道德哲學與古典效益主義問題之
　　　　釐析 ………………………………………… 99
　第一節　《墨子》道德哲學與古典效益主義之
　　　　　探討：以前人研究結果與反思為論 … 100
　第二節　《墨子》中「天下大利」與「最大善
　　　　　餘額」之差異 ………………………… 108
　第三節　《墨子》道德哲學與古典效益主義之
　　　　　思維釐清 ……………………………… 119
第五章　結　論 …………………………………… 135
　第一節　《墨子》道德哲學的獨特性與限制 …… 137
　第二節　《墨子》道德哲學的時代意義 ………… 144
參考文獻 …………………………………………… 149

第一章　緒　論

第一節　研究動機與目的

《漢書・藝文志》所載：「諸子十家，其可觀者九家而已。皆起於王道既微，諸侯力政，時君世主，好惡殊方，是以九家之術蠭出並作，各引一端，崇其所善，以此馳說，取合諸侯。」〔註 1〕，先秦諸子學說，百家爭鳴，更是歷史上社會極大動盪的時代，然而其中尤其以儒、墨兩家於當時並稱顯學，《韓非子・顯學篇》云：「世之顯學，儒、墨也。儒之所至，孔丘也。墨之所至，墨翟也。」〔註 2〕。

此外，我們更可以從相關文獻資料上發現，不少篇章記載著墨家學派於當時的盛況，《荀子・成相》記載：「禮樂息滅，聖人隱伏，墨術行。」〔註 3〕，《孟子・滕文公下》說：「楊朱、墨翟之言盈天下，天下之言，不歸楊則歸墨。」〔註 4〕，《呂氏春秋・有度》云：「孔墨之弟子徒屬，充滿天下。」〔註 5〕，汪中《述學・墨子序》亦云：「在九流之中，惟儒足與之相抗。」〔註 6〕，《孔子

〔註 1〕班固，楊家洛主編：《漢書》，卷三十，臺北：鼎文書局，1981，頁 1746。
〔註 2〕王先慎：《韓非子集解》，臺北：藝文印書館，1974，卷五十，頁 707。
〔註 3〕梁啟雄按：墨術，指墨翟之術。梁啟雄：《荀子簡釋》，臺北：華正書局有限公司，1980，頁 346。
〔註 4〕焦循、焦琥：《孟子正義》，臺北：世界書局股份有限公司，1998，頁 269。
〔註 5〕王利器：《呂氏春秋注疏》，成都：巴蜀書社，2002，卷二十五，頁 2977。
〔註 6〕汪中：《述學》；王雲五主編《四部叢刊正編》，臺北：臺灣商務印書館，1979，頁 18。

改制考》更言道：

> 孔子開教在先，道無不包。墨子本其後學，乃自創新教，銳奪孔席
> 以自立，所以攻難者無不至。所謂蠹生於木，而自喙其木耶？挾堅
> 苦之誌，俠死之氣，橫屬無前，不數十年，遂與儒分領天下，真儒
> 之勁敵也。〔註7〕

基本上，我們就以上幾段簡短的文獻資料，便已經說明了墨家學說在當時所處社會的影響力與廣泛程度，再者，韓愈在其《韓昌黎集》〔註8〕卷十一中〈讀墨子〉一文中亦云：

> 儒墨同是堯、舜，同非桀、紂，同修身、正心以治天下國家，奚不
> 相悅如是哉？餘以為辯生於末學，各務售其師之說，非二師之道本
> 然也。孔子必用墨子，墨子必用孔子；不相用，不足為孔、墨。

《孔子改制考》又曰：

> 此《墨子》諸篇，皆墨子特創之義，即墨子所改之製也。然曰「擇
> 務而從事」，則亦深觀時勢，曲有斟酌，非持偏論而概施之。莊子謂
> 墨子「真天下之好」，求之天下無有，誠哉是言！但總諸篇之旨，《節
> 葬》、《非命》、《非樂》、《非儒》，皆顯與孔子之學為敵，又其聲名徒
> 眾與孔子相比，故述孔子者必力攻之。非獨孔子義理之粹，亦所謂
> 子不私其父，則不成為子，臣不私其君，則不成為臣也。若韓愈，
> 謂孔子必用墨子，墨子必用孔子，二家交攻，非二師之道本然，則
> 襮言也。雖然，退之一文人之雄耳，安足責以大道之源流哉！〔註9〕

以上說明了儒、墨兩家在治世思想上有著密切的連結與相互關係，然而在時代的巨輪轉動下，由於大凡一種偉大的思想，必然有著它存在的歷史因素和意義，因此也有它對歷史文化的必然影響。墨學驟興於戰國，驟衰於秦漢，秦漢以來雖然趨於冷落淹沒，然卻變成一股暗流⋯⋯〔註10〕，由於《墨子》〔註11〕學說雖然逐漸中斷，誠如《墨子哲學》一書中云：

〔註7〕　康有為：《孔子改制考》，臺北：臺灣商務出版社，2011，頁595。
〔註8〕　韓愈：《韓昌黎集》，臺北：河洛圖書出版社，1975，頁22～23。
〔註9〕　康有為：《孔子改制考》，頁61。
〔註10〕周富美：《救世的苦行者——墨子》，臺北：時報文化出版社，1980，頁5。
〔註11〕筆者按：本文中引用《墨子》一書以進行論述與參考文本，是以孫詒讓所注
　　　　撰之《墨子閒詁》為主要文本，為《墨子》引文中進行引用之；參照吳汝綸
　　　　之《點勘墨子讀本》、俞樾《墨子平議》與畢沅《墨子注》其部分內容、張
　　　　惠言《墨子經說解》以及張純一《墨子集解》相關詮解，另參照李魚叔註譯

「墨氏」之學微矣！七國時，學者以孔、墨並稱；「孔子」言滿天下，而「墨子」則遺文佚事，自七十一篇外，所見殊尟。非徒以其為儒者所擯絀也，其為道瘠薄而寡澤，言之垂於世者，質而不華，務申其意而不馳騁其辭，故「莊周」謂『其道大觳，使人憂，使人悲其行難為。』而「楚王」之問「田鳩」，亦病其言多而不辯。「田鳩」答以：「墨子之說，傳先王之道，論聖人之言；若辯其辭，則恐人懷其文，忘其用。」——「韓非子」「外儲篇」上左——蓋孟、荀之議，未與世之好文者，固已弗新愜矣。秦、漢諸子，若「呂不韋」「淮南王書」所采摭，至博；至其援舉「墨子」之言，亦多本書所已見，絕無異聞。〔註12〕

　　於此雖使墨學成為伏流，但是不能否認的是墨家思想在中國哲學之中仍然具有極大的地位以及其極為重要的價值，崔清田說：「墨家是中國傳統學術

之《墨子今註今譯》、嚴靈峰編輯《墨子集成》以及任繼愈、李廣星主編之《墨子大全》進行文本解讀與理解。然而一般研究《墨子》一書，以《漢書·藝文志》所載，原有七十一篇，然現今僅存之五十三篇為主要研究對象，大部分研究學者基本上以胡適的分類方式，而梁啟超將此分類調整在進行分類後，其仍然在研究上大抵上將其以性質分為五組分論：第一組為〈親士〉、〈修身〉、〈所染〉、〈法儀〉、〈七患〉、〈辭過〉（以上六篇為墨子早期作品，〈親士〉、〈修身〉、〈所染〉三篇是「兼愛」的張本。〈法儀〉是墨子學說的根基）、〈三辯〉（文題不符，疑是錯簡。）；第二組為〈尚賢上〉、〈尚賢中〉、〈尚賢下〉、〈尚同上〉、〈尚同中〉、〈尚同下〉、〈兼愛上〉、〈兼愛中〉、〈兼愛下〉、〈非攻上〉、〈非攻中〉、〈非攻下〉、〈節用上〉、〈節用中〉、〈節葬下〉、〈天志上〉、〈天志中〉、〈天志下〉、〈明鬼下〉、〈非樂上〉、〈非命上〉、〈非命中〉、〈非命下〉、〈非儒〉，以上二十三篇為墨子「十論」主要之政治、社會、倫理等哲學思想；第三組為〈經上〉、〈經下〉、〈經說上〉、〈經說下〉、〈大取〉、〈小取〉上述六篇亦稱「墨辯」或稱「墨經」，其內容主要包括邏輯學、知識論、倫理學以及物理學、光學、數學等基本理論；第四組為記載墨子的言行，共計五篇，分別為〈耕柱〉、〈貴義〉、〈公孟〉、〈魯問〉、〈公輸〉；第五組亦是現行《墨子》書的最後一組，分別為〈備城門〉、〈備高臨〉、〈備梯〉、〈備水〉、〈備突〉、〈備穴〉、〈備蛾傳〉、〈迎敵祠〉、〈旗幟〉、〈號令〉、〈雜守〉共計十一篇，紀錄了墨子守備術的方法與技術，亦稱為墨子之「兵學」，上述五十三篇有墨子之自述與其弟子之紀錄，亦有其門生後人之增補，但筆者以為仍可將其視為整體而論，故此本文論述基本上將以《墨子》一書為論，不單論述墨子其人而言，盡可能呈現「墨家哲學」之整體觀之層面關係及其主要之概念。另，上述分類方式，本文將以梁啟超於《墨子學案》文中之分類方式為論，以務求統一，本文均以此版本為主要引用。參見梁啟超：《墨子學案》，上海：商務印書館，1921，頁13～14。

〔註12〕孫詒讓等著：《墨子哲學》，臺南：大東書局印行，1969，頁54。

思想中頗具特色的一個學派。它不僅有獨特的學術思想和成就、獨特的組織、獨特的實踐，乃至獨特的文體，更有一個命運多舛、令人稱奇的發展歷程」〔註13〕，此外，方授楚在其《墨學源流》一書中亦認為：

> 墨學非真能亡也。其直接影響而發為行動者，有許行及任俠一派。
> 而其尚同、重功利，見取於法家；節用、平等見取於道家；儒家受
> 其影響則尤深。〔註14〕

其認為墨學雖然成為伏流或者是名義上的消亡，但是其思想與精神，是直接的影響著社會與其他學說流派；然而，事實上當歷史的步伐行進至秦漢之後，墨學彷彿驟然消逝，正因為如此，於此關於墨家哲學的研究工作幾乎斷絕了二千餘年〔註15〕，甚至在《墨學源流》一書中認為：「謂自漢以後，以迄清初，千七百年間，略治墨氏之學而可考者，僅晉之魯勝與唐之樂臺二人而已」。〔註16〕

孫廣德亦認為：「至明末，西學東漸，思想界漸起變化。逮乎有清乾、嘉、道光之間，墨學漸次復興，嗣經鴉片戰爭，歷太平天國，以至於民國二十餘年，中國發生前所未有之巨變」，墨學亦較往昔任何時期為發達。」〔註17〕，但是，進一步考察相關資料，我們必須了解到，究竟是直到什麼時候或年代，關於墨家哲學的研究才又再度的引起了學者們的關注呢？崔清田認為：

〔註13〕崔清田：《顯學重光》，瀋陽：遼寧教育出版社，1997，頁1。

〔註14〕方授楚：《墨學源流》，臺北：中華書局，1966，頁209～210。

〔註15〕自孟子闢墨氏為無父，而世儒交非墨子，同目為禽獸，不得與于人之列，遑問其學之得失哉？……墨子之書……自漢之後，耳食之儒，既本孟子之言，變本加厲，深相疾惡，無有志之者；中間魯勝《墨辯注》及《樂台注》，其書皆以不傳。蓋墨子之書，二千餘年來，若存若亡，亦已久矣。陳柱，《墨學十論》，上海，商務印書館，1928，頁229。20世紀前墨學研究的主要成就在於清代，清代墨學研究的成績主要有二，一為《墨子》文本整理，二為《墨辯》研究的興起。秦漢以降由於秦皇漢武文化政策的變化以及其他複雜原因，墨學失去了與儒學並稱「顯學」的地位，文人傳習不盛，自戰國至元代，期間1500餘年，墨學整理之作僅出現10種（包括佚書）。明代整理舊典風盛，270餘年間，墨學整理之作出現26種。清代260餘年間，墨學整理之作出現52種。清代墨學整理的成就不僅僅表現在數量上，更重要的是在質量上。自劉向校書後，《墨子》一直沒得到系統的整理，特別畢沅、張惠言、孫詒讓等人的校釋，校正大部分錯簡，提出《墨經》「旁行讀法」，破解了諸多科技、邏輯論說，才使得《墨子》成為可讀、可解之作。鄭杰文，《中國墨學通史》，北京，人民出版社，2006，頁352。

〔註16〕方授楚：《墨學源流》，頁211。

〔註17〕孫廣德：《墨子政治思想之研究》，臺北：臺灣中華書局，1974，頁236。

乾隆晚期，禍苗已露。嘉慶、道光年間，則惡果盡嘗；內有白蓮教
起義，外有鴉片戰爭，動亂頻仍……。政治的衰敗和社會的動盪，
促成了學者的思想變動。……。例如：乾隆四十一、四十二年間，
繼傅山注《墨子・大取》之後，汪中曾治《墨子》，留有《墨子序》
和《墨子後序》。……，盛讚「墨子之學」「救世亦多術矣」，墨子其
人乃「《詩》所謂『凡民有喪，匍匐救之』之仁人也」。此序作於 1780
年（乾隆四十五年）。其後，畢沅在盧文紹、孫星衍所校《墨子》基
礎上，於 1782 年（乾隆四十七年）至 1783 年（乾隆四十八年）校
注《墨子》，隨之又有了張惠言、王念孫等為《墨子》作注，《墨子》
研究蔚然成風。〔註18〕

又云：

墨學輝煌於先秦，沉寂於秦漢之後近二千年，至清代隨考證學興起
而得以復活，到清末民初則形成了《墨子》及墨學研究的極大熱潮。
〔註19〕

嚴靈峰認為：

降及清代，釋大取殘篇者，有傅山；校墨子全書者，有畢沅、顧廣
圻、盧文弨……；可謂開風氣之先，亦墨氏之功臣。其後，王念孫、
引父子、俞樾、張惠言、蘇時學、戴望、……孫詒讓並治墨學…而
孫氏之「閒詁」可謂集其大成。……清末新會梁啟超所著「墨學微」
一書，泛論墨子學說，蹊徑獨闢，別開生面，為墨學創歷史之新頁。
〔註20〕

　　筆者十分認同嚴靈峰與崔清田上述所言，正因如此由於過往的歷史與清
末時局之動盪不安，這個影響與過程讓墨家哲學可以從清代後再度的引發當
代的重視，試言之，當我們要考察墨學思想時，必須依據當時所處時代之問
題，從外在與客觀的事實上，經由經驗考察與理論的分析來理解墨家思想，
畢竟這個對象皆是共同面對的客觀情境與歷史。

　　由於墨子所處之「七患」〔註21〕的社會，雖然是天下大亂的時代，然而

〔註18〕崔清田：《顯學重光》，頁 25。
〔註19〕崔清田：《顯學重光》，頁 1。
〔註20〕嚴靈峰：《墨子簡編》，臺北，臺灣商務印書館，1995，自序，頁 iv。
〔註21〕〈七患篇〉曰：「國有七患。七患者何？城郭溝池不可守而治宮室，一患也。
　　　　邊國至境四鄰莫救，二患也。先盡民力無用之功，賞賜無能之人，民力盡於

墨子的理論與其為義精神卻是不可抹滅的，誠如《莊子·天下篇》云：「墨子真天下之好也，將求之不得也，雖枯槁不捨也，才士也。」〔註22〕，而對於墨子有著極為嚴厲批評的孟子亦不得不在其《孟子·盡心上》表示：「墨子兼愛，摩頂放踵，利天下為之。」〔註23〕，以上更說明了墨子的精神令人可佩之處，然而墨家是否只有墨子一人是如此呢？實則不然，我們可以在其他的文獻中發現，誠如《淮南子·泰族訓》云：「孔子弟子七十，養徒三千人，皆入孝出悌，言為文章，行為儀錶，教之所成也。墨子服役者百八十人，皆可使赴火蹈刃，死不還踵，化之所致也。」〔註24〕。

誠如〈經上〉所說：「任，士損己而益所為也。」，〈經說上〉：「任：為身之所惡，以成人之所急。」，《說文解字》云：「任，保也。」〔註25〕於此意即為鋤強扶弱為己任的俠義精神，而事實證明墨學一門大抵上皆是具有「俠義」〔註26〕精神與實踐力的，然而筆者考察「俠」源於墨家此一說法，發現目前

無用，財寶虛於待客，三患也。仕者持祿，游者愛佼，君脩法討臣，臣懾雨不敢拂，四患也。君自以為聖智而不問事，自以為安疆而無守備，四鄰謀之不知戒，五患也。所信不忠，所忠不信，六患也。畜種菽粟不足以食之，大臣不足以事之，賞賜不能喜，誅罰不能威，七患也。以七患居國，必無社稷；以七患守城，敵至國傾。七患之所當，國必有殃。」

〔註22〕郭象注，陸德明釋文，成玄英疏、郭慶藩集釋：《莊子集釋》，臺北：世界書局股份有限公司，1955，頁467。

〔註23〕焦循、焦琥：《孟子正義》，頁540。其注曰：「墨子，墨翟也。兼愛他人。摩突其頂，下至於踵，以利天下，己樂為之。」。

〔註24〕楊家駱主編：《明刻淮南鴻烈解》，臺北：鼎文書局，1979，頁923。

〔註25〕許慎撰、段玉裁注：《說文解字注》，臺北：洪葉文化文化事業有限公司，1999，379頁。

〔註26〕「俠，俜也。從人夾聲。」許慎撰、段玉裁注：《說文解字注》，頁377。「俠」字始見於《韓非子·五蠹篇》而其對「俠」的定義是：「其帶劍者，聚徒屬，立節操，以顯其名，而犯五官之禁」。而「俠」之能事乃：「群俠以私劍養」。「俠」最早的形象是負面的，而最早肯定「俠」的，應是司馬遷。〈太史公自序〉中給與「俠」明確的定義：「救人於厄，振人不瞻，仁者有乎；不既信，不倍（背）信，義者有取焉」。而在〈遊俠列傳〉中更進一步指出：「今遊俠，其行雖不軌於正義，然其言必信，其行必果，已諾必誠，不愛其軀，赴士之厄困；既已存亡死生矣，而不矜其能，羞伐其德」。（文中之「正義」應指時代政治行為，非墨子之「義」）。傳統中國之「俠」的仁義典範，應該就是在此時所樹立的。〈五蠹〉中曾提及：「儒以文亂法，而俠以武犯禁。」二者雖然都受到批評，但社會聲譽依然很高。遊俠的行為雖然並不遵循傳統的社會規範，但為了實踐諾言，救人危難，往往奮不顧身。於此，他們的誠信品德與犧牲精神，也表現出強有力的文化影響力。蔡仁厚認為：「墨子質樸的氣質，與實用尚功效之精神，可以轉為社會行動家、社會事功家之型態。但其事功

最早應是由清代學者陳澧提出：「墨子之學，以死為能，戰國時俠烈之風，蓋出于此。」〔註27〕然而《孔子改制考》所言：

> 韓非學於荀子，本為儒家，然〈解老〉〈喻老〉，專言刑名法術，歸宿在老學，故攻儒、墨也，墨子之學，以死為義，以救人為事，俠即其流派，故與儒並攻，當時諸子之學，亦無與儒並馳者，墨之為俠，猶孔之為儒，或以姓行，或以道顯耳。」……儒者孔子也，俠者墨子也，流派各分。墨子之學，不畏死，故其學為俠。俠者，墨學之號，猶孔學之稱儒。諸子史中或稱孔、墨，舉其姓，或稱儒、俠，舉其號；至稱儒、墨者，雜舉之也。太史公云者，蓋史談為老學，不滿於儒、墨也；而云二者交譏，亦見二學之至盛也。〔註28〕

高亨更說：「墨子學說正可以彌補儒家外王之學的不足」〔註29〕，康有為其更進一步表示：「遊俠之風開於墨氏，故載遊俠諸人皆列為墨子後學。」〔註30〕，譚嗣同亦在《仁學》提出：「俠產主於墨家之中」，又在其《仁學·自序》中說：「墨有兩派：一曰『任俠』，吾所謂仁也，……。一曰『格致』，吾所謂

不是政治家的層次，而只是社會性的。故其勇於赴義之實際行動，終於轉變為後世之遊俠。按，鉅子孟勝率弟子百餘人為楚國罪臣陽城君守城而死難，即已顯示遊俠之性格。」蔡仁厚：《墨家哲學》，臺北，東大圖書股份有限公司，1993，頁 10。其又言，墨子是真有救世的熱腸與劍及履及之精神的。……墨子不但注重器械、佈陣，而尤重視勇武的精神。他曾經說過：「君子戰雖有陣，而勇為本焉。」（〈修身篇〉）……。墨子還創立一種「鉅子」制度，代代相傳，為墨者集團之領導者。他們急公好義，排難解紛，而且常能死人之事，充分表現出勇武負責的義氣。……他尚公義，抱不平的救世熱腸，以及墨者集團嚴格的紀律，卻發生了深遠的影響，而且成為後世社會游俠的濫觴。蔡仁厚：《墨家哲學》，頁 218。另外，《中國武俠史》有云：「首先，墨家對武俠現象進行了觀察與研究，提出了完整的「任」俠觀念和理論主張。《墨家·經上》曰：「任，是損己而所益所為也。」。注曰：「謂任俠」……接著，在《墨子·經說上》中，墨子進一步闡述了任俠精神的實踐方式：「任，為身之所惡以成人之所急。」這句話，譚戒甫的譯文為『甘己身所厭惡的事來解救他人的急難』。也就是要不顧一切地去扶危救困，為人解難，這也是俠的行為準則。……墨家在其經典著作中研究並闡述了任俠精神，其領導和弟子們常仿照俠的方式行事。正是通過墨家的張揚，武俠現象才被當時思想界和學術界用新的眼光來進行考察和評估」。陳山：《中國武俠史》，上海：三聯書局，1992，頁 21～23。

〔註27〕陳澧：《東塾讀書記》，臺北：臺灣商務出版社，1965，頁 201。
〔註28〕康有為：《孔子改制考》，頁 169。
〔註29〕高亨：《墨經校詮》，臺北：世界書局，1981，頁 38。
〔註30〕康有為：《孔子改制考》，頁 204。

學也」〔註31〕。

　　薛柏成認為：中國古代文化中的「俠義」精神，分個體的行俠仗義及群體的俠義行為，多存在於民間，墨家思想中的「兼相愛，自苦以為義」，仗義而為，賴力自強，用自己的力量和努力去救人之危直至「殺己以存天下」，為了「天下」及「萬民」的利益而赴湯蹈火，主動犧牲，以「興天下之利，除天下之害」等內容深深影響了中國歷代的「俠義」精神，換句話說，中國古代「俠義」精神的源頭之一是墨家的「俠義」思想。……從先秦時期的「士為知己而死」，到南宋後期的「俠之大者，為國為民」，武俠精神經歷了一次次昇華的過程，……而墨家思想的影響功不可沒〔註32〕。

　　但是除此上述的歷史記載，牟宗三在「中國哲學的特質」一書中說：「西洋哲學主智，重客觀；中國哲學重德、重生活、重主觀。」重智，則人尚思考，重分析，故西洋在邏輯、科學方面特別發達。中國哲學重德，重生活，故我國在人生道德上見稱。」〔註33〕，筆者大致認同此一觀點，但尋思良久，在中國哲學史的發展脈絡之中，《墨子》一書是極為特殊的與多元的，其中思想包含眾多學問，如：道德哲學、兵學、光學、物理學、邏輯學…等，然而決定墨學之所以形成的，必有其客觀的因素，亦必有其主觀的因素。所謂客觀的因素，即是就周文罷敝以後，當時現實上的種種流弊而說的。至於主觀的因素，則是墨子提倡其諸觀念的客觀精神而說的。墨學之所以形成，實在是由這兩種因素所決定的。〔註34〕嚴靈峰亦認為：

　　　　現代研究墨子哲學，大抵有下列各種趨勢……從時代的環境來研究墨子學說的歷史背景這可說，比較「客觀」。……儒分為八，墨離為三；其情況的複雜，實未可作為抽象的根據。評論先秦諸子，其可以概括言者，如孟子所說：「春秋無義戰。」又說：「是衰道微，邪說暴行又作；臣弒其君者有之，子弒其父者有之。」這倒可以作為墨子本人的時代背景。……春秋之世，霸者尚須「以力假仁」；降至戰國，強凌弱，眾暴寡，兼併，篡奪，毫無忌憚。這對墨子思想體系的建立，是有重大關係的。〔註35〕

〔註31〕譚嗣同：《仁學》，臺北：中華仁學會叢書第一集，1993，頁19。

〔註32〕薛柏成：《墨家思想新探》，哈爾濱：黑龍江人民出版社，2006，頁193～199。

〔註33〕牟宗三：《中國哲學的特質》，臺北：學生書局，1982，頁1～23。

〔註34〕陳問梅：《墨學之省察》，臺北：臺灣學生書局，1988，頁87。

〔註35〕嚴靈峰：《墨子簡編》，頁23～24。

正因上述所言啟發了筆者的對於墨學的研究動機之外，首先必須要先澄清的是，本文所研究之對象乃是特別針對「墨家哲學」中的「倫理思想」以進行研究之，一般而言倫理學稱為「Ethics」或「Moral Philosophy」，上述二者是相同的，但是如楊建兵所言：

> 在當代中國的漢語語境中，「倫理學」是以「道德」來定義的。關於「道德」的學問一般並不稱為「道德學」或「道德科學」，而是稱為「道德哲學」或者「倫理學」。「道德哲學」通常是指理論倫理學，而「倫理學」則是包括所有的倫理理論，既包括理論的也包括實踐的倫理學，比如，元倫理學、德性倫理學、應用倫理學和描述倫理學等。〔註36〕

關於以上所述，也就是本文以「道德哲學」為題，所著重的乃是規範倫理學（Normative ethics）〔註37〕的範圍之中，並非不以「倫理學」或「倫理思想」為研究論題，然而這是筆者試著將倫理學進行相對窄化的研究。試言之，本文強調關於《墨子》理論部分之理解與重詮，目的乃是試圖進行相對精準的思考以及判斷，並進一步思考其未來研究之進路的可能，然而考察墨學相關文獻資料後，筆者簡易的歸結出幾個針對關於墨學中的疑問：

（一）《墨子》書中的「天」、「義」（利）、「兼愛」的序列關係為何？

（二）《墨子》書中的「利」究竟是為何？

（三）《墨子》書中的「利」與古典效益主義的「效益」問題

（四）《墨子》書中的思想究竟是不是「效益主義」〔註38〕？

〔註36〕楊建兵：《先秦平民階層的道德理想——墨家倫理研究》，頁21～22。

〔註37〕筆者按：規範倫理學是以研究普遍行為者在一般狀態下的「道德」（人性行為），即在其中所遵守的規則。然而在此一研究範圍內，各種不同的理論主要均試圖給予：「每個人思考對於某件情境或事件『應該怎麼做』」的行為指引，並以此解答或面對問題的取捨與判斷方式，亦給予「行為者應該遵守什麼樣的道德行為準則」以做為標準。

〔註38〕現代倫理學上所謂「功利」和「功利主義」的概念是由英文「utility」和「utilitarianism」漢譯而來，具體將它們對譯為漢語中的哪兩個詞語，歷來頗多爭議。唐鉞將密爾的「utilitarianism」譯為「功用主義」，理由是：「從前有人譯為樂利主義、功利主義。但英文原文的意思是由功用（utility）而來的；並且穆勒氏文中有些地方用『有用的』（useful）做相當於功用的形容詞。所以不如照字譯作功用主義。」在現當代漢語環境中，除上文提到的「功用主義」之外，還有「實利主義」、「實用主義」、「效益主義」等不同的譯法。其實，不管譯做什麼，用意都很明顯，就是要盡量避免使用「功利」和「功

關於以上，筆者更試圖地針對這四個論題進行分析與全面性的理解，由於現今學界所涉及《墨子》思想之相關論著龐雜眾多，正因如此，本論文以研究《墨子》思想之上述幾大問題為研究目的，並針對前人與相關研究學者對於此些問題的理解與看法，進而分析整理出不同之觀點，並對於《墨子》書中這幾大發展出的問題核心提出不同的看法，筆者亦試圖將《墨子》哲學重新詮釋而作為其系統化的建構，更期許能為墨學理論進行整理爬梳與增添不同的看法與新思路。

第二節　文獻探討

當代治墨學者尤其以「墨學的核心價值」究竟為何？以及「『天』、『義』、『利』三者之相互關係或以「『天』、『義』、『兼愛』以及『利』四大概念為論」這幾大問題著墨最為豐富，筆者以下以引述幾位墨學前輩之論點的方式暫表如下，而後進行相關文獻之探究與梳理。例如：唐君毅在《中國哲學原論‧原道卷一》認為：

> 後忽念墨子之根本義理觀念，或即在所謂「義」，乃遍查墨子之書，見除有貴義之專篇首言「萬事莫過於義」，耕柱篇巫馬子為墨子曰：「子之為義也……子為之有狂疾」，魯問篇載「吳慮謂子墨子曰義耳義耳，焉用言之哉」等外；其兼愛、尚同、天志、明鬼、節用、非攻、節葬諸篇，無不本「義」以立論。貴義篇又謂：「為義而不能，必無排其道。譬若匠人之斲而不能，無排其繩。」則為義之道亦如

主義」這兩個在漢語環境中較為敏感的字眼。楊建兵：《先秦平民階層的道德理想——墨家倫理研究》，北京：中國社會科學出版社，2012，頁73。此外，林火旺認為：「Utilitarianism」一詞的中文翻譯，在許多的中文哲學著作中並不太一致，以往這個字被翻譯為「功利主義」，但是這個語詞在現代社會中具有負面的意義，一般人常將社會人心的自私自利、現實短視、唯利是圖，說成社會的「功利主義」盛行，但是作為一個重要的倫理學理論，utilitarianism完全沒有這樣的意涵，為了避免誤解，所以在此譯為「效益主義」。採取這樣翻譯的理由：這個理論的核心原則是效益原則（principle of utility），所以翻成「效益主義」應該是妥當的。林火旺：《倫理學》，臺北：五南圖書出版股份有限公司，2004，頁99。另，林火旺將「功利主義」稱為「效益主義」，其用意是為了避免此一倫理概念被貶義化，筆者認同上述所言，是故本文之行文內容，均以「效益主義」一詞為主。參見林火旺：《倫理學入門》，上海：上海古籍出版社，2005，頁72。

匠人之繩也，故更言義即聖王之道，則墨子之學以義道之本甚明。
〔註 39〕

　　而崔清田在其《顯學重光》一書中論及「墨子學說的體系與核心」〔註 40〕，將近、現代的《墨學》分為三大中心說，分別為一、「天、鬼」中心說，二、「兼愛」中心說，三、「義」為中心說，陳問梅在其《墨學之省察》一書中，更認為：「墨子提出了這一個義，的確是一種為現實世界建體、立極的工作。……義是超越世界與現實世界的一個實體，或即天與人交接的一個實體，它源於超越的天，更落實於現實世界而為人之體或極。故在墨子：天之所以為天的，只在這一個義；人之所以為人的，亦只在這一義。以義溝通天、人，而用以拯救天下。」〔註 41〕。

　　另外，李賢中在〈墨家的天人關係〉一文中對於「天」的特性之觀點以及「天與人的主宰關係」、「天與人的倫理關係」與實用的「天與人的師法關係」之三層次觀念的描寫〔註 42〕以及其《墨學：理論與方法》一書中關於〈台灣墨學研究五十年來之回顧〉一文歸結後認為：

　　　倘若以「天志」或「天」為第一義觀念，則「兼愛」又必須在肯定「天」的前提下被解釋。又如果以「義」為第一義觀念，則「天」、「兼愛」又必須在理論上先肯定「義」的前提下再來談「天」與「兼愛」。這種的第一義觀念的追索，也反映在台灣墨學的研究中。
　　〔註 43〕

　　再者，又如吳進安在〈墨家天人關係論探析〉中的天與人、人與人的在其《墨家哲學》論及「價值根源論」〔註 44〕以及「儒墨相非問題」〔註 45〕提出「義利一元」關係的說明……等。

　　筆者以為若整合歸結前人研究後進行反思，即構成這兩大問題亦構成本文要面對的四大問題之二即：《墨子》書中的「天」、「義」（利）、「兼愛」的序

〔註 39〕唐君毅：《中國哲學原論・原道篇卷一》，臺北：學生書局，1986，頁 156～157。

〔註 40〕崔清田：《顯學重光》，頁 85～103。

〔註 41〕陳問梅：《墨學之省察》，頁 272。

〔註 42〕李賢中：〈墨家的天人關係〉，《哲學與文化》第 39 卷第 4 期，2012，4 月，頁 153～158。

〔註 43〕李賢中：《墨學——理論與方法》，臺北：揚智文化，2003，頁 26～27。

〔註 44〕吳進安：《墨家哲學》，臺北：五南出版社，2003，頁 143～144。

〔註 45〕吳進安：《墨家哲學》，頁 381～388。

列關係為何？以及《墨子》書中的「利」究竟是為何？然而針對關於上述問
題的期刊論文、專書與相關著作，筆者將在本文「《墨子》道德哲學理論架構
之重詮」專章中進行進一步理解與分析；然而涉及到《墨子》書中的「利」與
古典效益主義的「效益」問題以及《墨子》書中的思想究竟是不是效益主義？
這兩個問題，將以下段落先進行簡單的釐清。

　　近代以降，墨學之研究相對發展蓬勃，在嚴靈峰所著的〈墨子的思想體
系及其功利主義〉一文中他認為梁啟超於西元 1901 年於「新民叢報」中發表
「子墨子學說（墨學微）」後，引領未來治墨學人研究墨學的方向〔註46〕，重
啟墨家學問探究之風氣，一時蔚為風潮，大致上筆者初略歸納前人之言將研
究墨學歸納為幾大類別：（一）墨學為「功利」之說（二）墨學為「非儒」之
說（三）墨學以「實用」為主（四）墨學囊括各家之言，其中尤其以吳進安針
對〈墨子的思想體系及其功利主義〉一文的整理如下相對清晰：

> 嚴靈峰認為現代研究墨子哲學，大抵上有四種趨勢：一是效法梁啟
> 超、胡適、馮友蘭之方法，不脫「實用主義」及「功利主義」之範
> 疇；二是從墨子天志、明鬼而發，將「天」與西方的「上帝」觀念
> 作一附會而論；三是保持傳統以儒家為中心的思想立場，對墨家哲
> 學簡單歸納成「儳差等」與「尚功用」之弊，並且總是採取格格不
> 入的態度；四是從時代的環境來研究墨子學說的歷史背景，這可說
> 是比較「客觀」的方法。這樣的分析印證了現代學人對墨家的研究，
> 大體上是符合第四種趨勢的看法。〔註47〕

　　但是若我們仔細考察其文意內容，便不難發現其中可能有更多論點，可
以進行更多之斟酌以及著墨之處，以進一步的協助理解本論文將要處理的幾
個重要問題。

　　首先，關於梁啟超對於墨學貢獻那是有目共睹的，其重新開啟了對於墨
學研究的風潮，將已成為伏流的古代顯學在現於當世，但其思維的方向是否
是將墨學引導至符應《墨子》文本中本來所思的原本意義呢？再者關於〈墨
子的思想體系及其功利主義〉其文所述之內容，筆者亦提出相關問題並進行
理解：

　　（一）「墨子哲學」是否能以「效益主義」（功利主義）或「實用主義」的

〔註46〕嚴靈峰：《墨子簡編》，頁 22。
〔註47〕吳進安：《墨家哲學》，頁 26。

思維下去理解或者等同之？

（二）墨子思想中的「天志」、「明鬼」與西方思維的「上帝」觀念是否如同嚴靈峰所說的是「附會」之論？

（三）保持傳統以儒家為中心的思想立場，對墨家哲學簡單歸納成「慢差等」與「尚功用」之弊，並且總是採取格格不入的態度，但於《韓非子・顯學篇》中云：「世之顯學，儒、墨也。儒之所至，孔丘也。墨之所至，墨翟也。」令人尋思之處，在於當時並稱顯學的儒、墨兩家學說是如此不相容的嗎？

（四）從時代的環境來研究墨子學說的歷史背景，這可說是比較「客觀」的方法？

若上述所言這是較為客觀的方法，換言之，我們即可以就以上四點作為分析上述幾個問題的方法作為第一步的開展，本文將其主要關注第一個問題出發，但有鑑於上述問題的提出，筆者首先必須針對回到相關學者們的論述內容中來看待，如若我們試著釐清梁啟超的文本思想，其關鍵《墨子學案》著作進行爬梳，在考察《墨子學案》中文章內容與脈絡，我們可以發現，其中關於這一問題，梁啟超云：

> 道德與實利不能相離，利不利就是善不善的標準…他所謂「利」，一定不是（偏）狹的利己主義…可以見他所謂的「愛」，必定有利為前提。〔註48〕…又云：「墨子把『利』字的道理真是發揮盡致。孔子說：『利者義之和，』《墨子・經上篇》直說：『義利也』是說：利即是義，除了利別無義。因此他更替這個「利」字下了兩條重要的界說：界說一：凡事利餘於害者為之利，害餘於利者為之不利…界說二：凡事利於最大多數者謂之利，利於少數者謂之不利。…英人邊沁主張樂利主義，拿「最大多數之最大幸福」做道德標準，墨子的實利主義，也是如此。〔註49〕

馮友蘭亦在其《中國思想史》中云：

> 功利主義為墨子哲學之根本，但墨子雖注重利，而未言何須重利。《墨經》則更進一步，與功利主義以心理的根據…故功利主義為吾人之正當標準也。〔註50〕

〔註48〕梁啟超：《墨子學案》，頁28。
〔註49〕梁啟超：《墨子學案》，頁40～43。
〔註50〕馮友蘭：《中國思想史》，上海：商務印書館，1990，頁310。

但是，墨子的道德標準真的是「利」嗎？這個「利」能用數量上的「大」、「小」、「多」、「少」來證成嗎？如果是，這個「利」就是「義」嗎？如果也是，這兩個不同內涵但是外延相同的概念就是可以互換的嗎？考察《墨子》文本分別對「義」、「利」的說明：〈經上〉篇云：「義，利也。」，又云「利，所得而喜也。」，〈經說上〉篇：「義：志以天下為芬，而能能利之，不必用。」，又云「利：得是而喜，則是利也。其害也，非是也。」，其更於〈貴義〉篇云：「子墨子曰：『萬事莫貴於義。』」，所以如果可以互換其詞，可得出「利，義也。」、「義，所得而喜也。」；「利：志以天下為芬，而能能義之，不必用。」；「義：得是而喜，則是義也。其害也，非是也。」，而〈貴義〉篇的內容我們就也可以這樣去理解：「子墨子曰：『萬事莫貴於利。』」。

但真如梁啟超所言的「利即是義，除了利別無義」、「最大多數之最大幸福」以及墨子思想即是如同邊沁（Jeremy Bentham，1748～1832）的效益主義（Utilitarianism）思想一樣嗎？筆者認為：答案不言可喻，應屬於梁氏之誤會無誤，但又或者其中有這許多的癥結點與問題有待釐清之處，而關於此一論點之相關分析，筆者於本文第四章進行相關論述與釐清。

再者，筆者嘗試以不同角度與不同的研究論著，考察相關學者對於這相關命題之討論，勞思光說：

> 墨子思想之中心，在於『興天下之利』。『利』指社會利益而言，故其基源問題乃為：『如何改善社會生活？』此『改善』純就實際生活情況著眼，與儒學之重文化德性有別」。故墨子學說第一主脈為功利主義。〔註51〕其後文又云：「…蓋就其文化觀言之，墨子只知效用，而不了解文化生活之內涵價值，於是一切文化成績皆置於工具標準下衡量其價值，所『蔽』實即顯現其立場，而其『不知文』則功利主義觀點之必然態度也〔註52〕

蔡仁厚如同勞思光於文化觀的視角下認為：

> 據以上三節所述…，亦全是從功利實用的觀點來立說。…加上他為了愛利天下而主張『兼愛』，為了反對虧人自利而主張『非攻』等等…是純粹功利實用主義立場〔註53〕

〔註51〕勞思光：《新編中國哲學史》：臺北，三民書局股份有限公司，2005，頁279。
〔註52〕勞思光：《新編中國哲學史》，頁293。
〔註53〕蔡仁厚：《墨家哲學》，頁62～65。

　　考察勞思光、蔡仁厚所言，亦即如同梁啟超之言論將墨子學說認定是為效益主義（功利主義）一路，但勞思光更進一步的提出其基源問題此一看法，關於基源問題的論述部分於下一章節以論之。試言之，眾多學者們相對較為認同墨子哲學彷彿可以與效益主義畫上等號，但真是如此嗎？其後，有著針對墨子哲學是效益主義（功利主義）相比的不同看法，譚宇權認為：

　　　　將墨子思想與「為謀求大多數的最大幸福」之「功利主義」相比，
　　　　墨子兼愛的結果，似乎只為達到國富、民眾、刑治、社稷定；飢者
　　　　得食、寒而得衣、勞而得息的「安定」生活而已，而與西方功利主
　　　　義以「快樂」或「幸福」為核心的思想不完全相同。〔註54〕

　　譚宇權試著從核心思想中的不完全相同之處看待此一問題。此外，《墨翟與《墨子》》一書中更給了這樣的回應：

　　　　由於效益主義是以行為的後果來確立行為的價值，墨家哲學雖然有
　　　　許多地方與效益主義所強調的結果論相似，但是，若追溯到價值的
　　　　源頭『天志』，或者重要的價值原則『義』時，則墨家倫理思想並不
　　　　能輕率的歸於效益主義〔註55〕

　　綜上所述，筆者雖然認同《墨翟與《墨子》》書中所論，但是亦認為關於此一問題，我們仍然須要從「價值源頭」、「價值原則」與其進行「『價值判斷』的標準」以及是否能將墨子思想「歸於」效益主義一詞來進行探究，因為長久以來，「墨子哲學就是效益主義」此一問題亦在學界已深埋許久，所以本文將以《墨子》文本中之相關概念以進行相關概念之釐清與探討。

　　另外，眾多批評者評論墨子「蔽於用而不知文」，但莊子謂其：「雖枯槁不舍也」〔註56〕，孟子云：「墨子兼愛，摩頂放踵，利天下為之」。其用意雖均在批判墨子，而其結果，卻正在充分表現墨子忘我救世之精神。〔註57〕是故將墨子哲學的思想進行進一步的分析與討論是必要的任務。

〔註54〕譚宇權：《墨子思想評論》，臺北：文津出版社，1991，頁132。
〔註55〕孫中原、吳進安、李賢中：《墨翟與《墨子》》，臺北：五南圖書出版股份有限
　　　　公司，2012，頁362。
〔註56〕郭象注，陸德明釋文，成玄英疏、郭慶藩集釋：《莊子集釋》，頁468。注曰：
　　　　「所以為真好也。」；疏曰：「宇內好儉一人而已，求其輩類竟不能得，顧頹
　　　　如此終不休，廢率性真好非矯為也。」。
〔註57〕孫廣德：《墨子政治思想之研究》，頁54。

第三節　研究方法與論文結構

勞思光在為馮耀明所著之《中國哲學的方法論問題》一書以〈哲學方法與哲學功能〉一文為其作序並在其中表示：

> 「方法論」所說的「方法」，在原始意義上，本扣緊認知活動而言。因此，所謂「方法」的原始意義，只是建立知識的程序及所涉及的規則。……就原始意義談「方法」，儘管可以有許多爭議，畢竟意義明確。若依一種引申意義來使用「方法」這個語詞，則情況大大不同。「方法」一詞，涉及活動歷程，自然也涉及目的；於是，在哲學史或思想史上，我們又看見許多人離開建立知識的活動，而就其他的活動歷程來談「方法」。最明顯的例子是「教育的方法」、「進德或修養的方法」等等。……這種用法，由於不是扣緊建立知識而言，故已異於原始意義，但它仍落在操作歷程上講，因之可以看作「引申意義」。……另一種情況就更不同了。這就是我所謂的「借用的意義」。它與「引申意義」的差別在於它並不與「原始意義」有一定關係。某些人所以為依這種意義去使用某個詞語，多半有某種特殊目的；……認真地談方法論，自然不宜採取這種借用的意義。但近代思想界中有許多混亂現象，有時積非成是，也是很難徹底清理。〔註58〕

勞思光在為此書作序的第二部分：〈關於「中國哲學的方法論」〉一文中又更進一步地說：

> 大致地說，談「中國哲學的方法論」時，可以有兩種不同的意涵。其一是指研究中國哲學所用的方法問題及其解答，其二是指對中國以往的哲學家自己建立理論時所用的方法之了解及評估。無論取前一種或後一種立場，所談的方法論問題，都落在「中國哲學」這個層面上，而不是取「方法」的原始意義來講一種建立知識的程序。也可以說，這是取引申意義來談「方法」。〔註59〕

然而針對本論文之研究，必然也必須有其研究的方法與路徑，然而何謂方法呢？李賢中認為：

〔註58〕轉引自馮耀明：《中國哲學的方法論問題》，臺北：允晨文化實業股份有限公司，1989，頁1～4。

〔註59〕轉引自馮耀明：《中國哲學的方法論問題》，頁6。

所謂「方法」，在中國就其字源意義觀之，「方」有邊際之意，「法」之本義則為「刑」……，故就其引申觀之，「方」在使用上有：道、理、規範等意義，「法」則有：制度、模範、法則等意涵，因此「方法」含有應該遵循或必須遵循的規範與約束性。……依此，方法的要素有：確立的目標、達成目標的歷程及歷程中的規則。〔註60〕

據此，筆者並試圖理解《墨子》思想中的關鍵意義與概念以及由其所處理相關理論的過程中，亦進一步的針對其衍生出的相關問題進行研究，是故，筆者將以下列幾種研究方法進行本文之研究：

（一）以「思想單位」〔註61〕進行古籍研究

張岱年認為論述倫理學說史料的方法：包括：史料的調查、鑑別、解釋、貫通四種。〔註62〕據此本論文將透過古籍與文獻資料的解讀與分析，藉以研究《墨子》哲學思想中幾大核心概念價值根源之思想結構。主要在於《墨子》書中的概念與其解釋，參佐學術論文與專論專書等資料，對墨子思想之概念進行序列之重詮與探討。進而將《墨子》書其思想之論述結構，進行全面的系統化與解決其衍生之相關問題。誠如牟宗三在〈文獻分析與詮釋學〉一文中提及：

> 我們講文獻的途徑，第一步要通句意、通段落，然後形成一個恰當的概念，由恰當的概念再進一步，看看這一概念是屬於哪一方面的問題。所以要重視理解，能理解才能有恰當的概念。思想要在概念中立，如同人品要在禮中立，所以我們講文獻的途徑，便是重視這個意思。由文句的瞭解形成恰當的概念，由恰當的概念進到真正的

〔註60〕李賢中：《墨學──理論與方法》，頁37～38。

〔註61〕「思想單位」是有意義思維情境，他的形成，是將認知際遇中客觀的事物轉換成主觀的思維情境，或將文獻中的客觀文字理解為自己的詮釋，「思想單位」是指思維情境中所蘊含的「然」、「思路要素」及「所以然」。它是由思維情境所衍生，但不等同於思維情境，它像一段錄影，在其中的某些歷程片段為「然」，某些歷程片段，基於相關問題思考，對某些片段的解釋而得的「所以然」，聯繫、綜合這「然」、「思路要素」與「所以然」所構成的可被理解、可被解釋、與可被意義化的這些特質，就構成一「思想單位」。李賢中，〈先秦邏輯史研究方法深析〉，《哲學與文化》517期「中國邏輯方法論」（44卷第6期），2017，頁71～87。

〔註62〕張岱年：《中國倫理思想研究》，上海：人民出版社，1989，頁229～236。

問題。〔註63〕

因此，本文冀望以墨子及《墨子》之相關文獻資料的調查與分析整理，將《墨子》之思想盡可能地客觀的忠實呈現，以其正確對《墨子》哲學概念之核心價值重新把握，使其重現。

此外，文中標題所提及之「思想單位」是李賢中提出的一種特殊的研究思索路徑，筆者以為或許可以在進行系統化重詮的過程與研究過程中，更進一步地運用「思想單位」這個理解，據此其給予傳統文獻理解與詮釋的思索，其進一步提出了「思想單位」這一特殊的見解，其認為「思想單位」作為詮釋或解析傳統文獻的工具〔註64〕；並逐步建構以強化其可操作性，曾從多方面說明思考單位的性質、作用、層次及其內涵要件、遞演關係等。〔註65〕

另外，參見李賢中，〈墨家「非攻」與《聖經》有關「戰爭」思想之比較〉一文中提及，關於「思想單位」補充，其表示：對某些人可以理解的事物，對另一些人未必能夠理解，因此構成各人的思想單位也未必相同。就同一個人的知識成長過程來看，在不同知識水平各階段的思想單位也會有所變化。〔註66〕而在〈先秦邏輯史研究方法深析〉一文中更說明：

> 而思想單位可分為情境構作、情境處理與情境融合三個層面。另外，理論之所以為理論，在於理論建構者觀察、尋索出變化現象中的理則，並且能系統地用語言文字表答出來。從思想單位的結構來看，情境構作與情境處理得關係必須據理融合，因而完整思想單位本身就是一個「理」的系統。不同層次的理互相聯繫。〔註67〕

誠如李賢中將其思維模式表示如下，以所呈現所依據的理論以及作者思考的方向，爬梳出理論的系統，再進一步地建構出系統的理論。因此，理論的構

〔註63〕牟宗三：〈研究中國哲學之文獻途徑〉，《牟宗三全集》第27卷，臺北：聯經出版公司，2003，頁343。

〔註64〕李賢中：〈「從辯者廿一事」論思想的單位結構及應用〉，《輔仁學誌──人文藝術之部》〔28〕，2001，頁79～90。

〔註65〕同上註。

〔註66〕李賢中：〈墨家「非攻」與《聖經》有關「戰爭」思想之比較〉，《哲學與文化》第46卷第12期，2019，12月，頁6。另外其〈墨家「非攻」與《聖經》有關「戰爭」思想之比較〉一文，並在《墨學的典範轉移以及其與基督宗教》會議論文論述中補充上述關於「思想單位」有所變化之說法，2019，頁47。

〔註67〕李賢中：〈先秦邏輯史研究方法深析〉，頁84。

成，包含下列幾方面：〔註68〕

　　一、描述所觀察到的現象。

　　（思想單位之情境構作：有什麼？是什麼？）

　　二、解釋現象中事物間的因果。

　　（倫理、利害、權力、結構…）關係。（思想單位之情境處理：為什

　　麼？）

　　三、推測現象中事態的未來發展。

　　（思想單位之情境處理：會怎樣？）

　　四、處理或解決在現象中所發現的問題。

　　（思想單位之情境處理：要怎樣？）

　　五、處理或解決後的階段性反饋、修正與統整。

　　（思想單位之情境融合：「有什麼」與「是什麼」與「為什麼」與「會

　　怎樣」與「要怎樣」相互間的協調一致）

　　有鑒於此，由上述所思路出發，筆者以為若我們將理論必須構成的成分以及論證的思路歷程，進而理解或重新建構其理論之系統，就必須要好好思索系統的起點之問題本身，然而從自身認識所出發，進而建構理論系統以及系統理論的過程，正是本文進行相關研究之方向。

（二）「基源問題研究法」與「層面整體動態觀」

　　所謂「基源問題研究法」〔註69〕，是以邏輯意義的理論還原為始點，而以史學考證工作為助力，以統攝個別哲學活動於一定設準之下為歸宿。首先一切個人或學派的思想理論，根本上必是對於一問題的答覆或答案，我們如果找到了這個問題，我們即可以掌握這一部分理論的總脈絡。反過來說，這個理論的一切內容實際上皆是以這個問題為根源。〔註70〕然而雖然其中關於「設準」頗具爭議〔註71〕，但筆者以為仍然不失為研究本文論題的一種嘗

〔註68〕李賢中：《墨學——理論與方法》，頁 211。另，李賢中於〈墨家「非攻」與《聖經》有關「戰爭」思想之比較〉一文中調整了順序並增加第五項。

〔註69〕勞思光：《新編中國哲學史》，頁 14。

〔註70〕勞思光：《新編中國哲學史》，頁 15。

〔註71〕項退結：《中國哲學之路》，臺北：東大出版社，1991，頁 18。項退結認為：「仔細研讀勞思光《中國哲學史》的「序言」就會發現它所云的基源問題最後決定他個人的『設準』。……但以一些認定的設準為出發點，這樣的方法就不很客觀。」

試，若如以上述方法試圖進行理論還原之工作，進一步邏輯地涉及所提出來的理論，再將所相關之理論重新做一個展示，進行多面向的判斷。那究竟什麼是「基源問題」？又或者「《墨子》哲學」的基源問題是甚麼呢？李賢中在其《墨學──理論與方法》一書中認為：

> 所謂「基源問題」是指某一個人或學派的思想理論，基本上必然是針對某一個核心問題的解答，進而推展開的系統化理論：為解答某一基源問題，必引申許多次級的問題，為解答這些次級的問題又會引申出再次及的問題，如此層層相關的問答系列即構成某一思想的基本結構〔註72〕

換句話說，筆者將以「十論」〔註73〕中所提及的問題及主要概念相互比較印證，進一步推導出《墨子》書中的基源問題，以進行問題研究與內容分析。首先，考察《墨子》書中所述之時代背景，此亦使用王讚源所謂的「層面整體動態觀」〔註74〕方式進行試圖清楚精準的理解《墨子》哲學的基源問題為何？於此關鍵在於如何在「時間」與「空間」的背景下進行考察與理解，然而「時間」與「空間」在《墨子》的學說當中，其將「時間」與「空間」以「久」〔註75〕以「宇」〔註76〕定義之。

〔註72〕李賢中：《墨學──理論與方法》，頁71。

〔註73〕吳進安：《墨家哲學》，頁46。上述之方法正墨子思想中的要旨，也是他治國的方法，以完成「興天下之利，除天下之害」的目的。〈魯問篇〉云：子墨子游，魏越曰：「既得見四方之君子，則將先語？」子墨子曰：「凡入國，必擇務而從事焉。國家昏亂，則語之尚賢、尚同；國家貧，則語之節用、節葬；國家說音湛湎，則語之非樂、非命；國家遙僻無禮，則語之尊天、事鬼；國家務奪侵凌，即語之兼愛、非攻，故曰擇務而從事焉。」；崔清田：《顯學重光》，頁88。墨子貢列舉了十項治國之術，即所謂「十論」。《墨子》中論述十項主張的篇章有《尚賢》、《尚同》、《兼愛》、《非攻》、《節用》、《節葬》、《天志》、《明鬼》、《非樂》、《非命》的上、中、下共三十篇（今存二十三篇）。這二十三篇所論，被不少治墨學者認為是墨子乃至墨家學說的基本精神所在。汪中在《墨子序》中說，「墨子之學，其自言者」這就是十論。

〔註74〕王讚源：《墨子》，臺北：東大圖書股份有限公司，1996，自序，頁5。這是一種顧及事物的層層面面又回歸整體，並且注意時空因素的思考方法。世界上每件事物的發生，都關係到很多的層次與方面，必須分層分面逐一觀察、分析、才能深入了解問題…因此思考問題務必同時顧到時間和空間的因素，才能看得準，行得通。

〔註75〕〈經上〉：「久：彌異時也。」；〈說上〉：「久：和古今旦莫。」以上說明了時間存在的具體形式。

〔註76〕〈經上〉：「宇：彌異所也。」；〈說上〉：「宇：家東南西北。」於此亦概括一

由於《墨子》中對於「時空」的理解是從動態的過程中所理解的，〈經上〉云：「動：或，徙也。」，〈經說上〉曰：「動：偏祭從者，戶樞免瑟。」，動即是「空間的位移」，而進一步以「宇」與「宙」說明關於空間與時間處於動態之中的必然關係時間與空間之間，彷彿是並沒有互相干涉的存在，然而透過「運動變化」便顯現出彼此之間的關係。「宇宙」之義相對於現在的理解，其二都有者「廣大」與「無窮」之意，然而回歸至歷史經驗的思索，即《墨子》學說於當時，主要要解決甚麼問題呢？〈魯問〉篇記載：

> 子墨子曰：「凡入國，必擇務而從事焉。國家昏亂，則語之尚賢、尚同；國家貧，則語之節用、節葬；國家說音湛湎，則語之非樂、非命；國家遙僻無禮，則語之尊天、事鬼；國家務奪侵凌，即語之兼愛、非攻，故曰擇務而從事焉。」

綜上所述，筆者將試圖透過把握《墨子》書的文本內容，查找其基源問題以及在其歷史面向的時空背景資料中進行分析與探究，更進一步再以下文所將提及之「創造的詮釋學」方法，進行全文對《墨子》哲學中不同層次的理解與解決相關的問題。

（三）創造的詮釋學

傅偉勳在關於「創造的詮釋學」構想中共分為五個層次〔註77〕：

（一）「實謂」層次，探討原典實際上說了什麼。基本上關涉到原點校勘、版本考證與比較等等校讎學課題。此一層次為詮釋的展開，提供較為真實可靠的材料。

（二）「意謂」層次，探問原作者的「客觀意思」或「真正意思」為何？此一層次必須了解原作者的時代背景、生平及思想發展歷程等資訊。藉諸邏輯分析，透過原典前後文的對比，除去前後不一致的語句或思想；藉諸脈絡分析來了解核心概念的多層意涵。

（三）「蘊謂」層次，考究原作者可能要說什麼？或他所說的可能蘊涵是什麼？於此一層次，可透過思想史上已經有的詮釋進路、觀點，以及原典思想所表達的深層義理，及各種可能的思想蘊涵。

（四）「當謂」層次，追究原思想者本來應當說些什麼？或詮釋者應

切不同空間的範疇。

〔註77〕傅偉勳：《學問的生命與生命的學問》，臺北：正中書局，1998，頁228～240。

當為原思想家說出什麼？到這一層面，詮釋本身已居於主導地位，詮釋者須在種種詮釋進路中進行批判性的比較考察，進而為原思想家代為說出他應當說的話。

（五）「創謂」（或必謂）層次，探究原思想家現在必須說出什麼？此層面最能體現詮釋學的創造性，在不斷追問的思維歷程中，形成自我轉化，從批判的繼承者轉化為創造的發展者。

關於上述研究方法，本文以《墨子》一書為主要研究對象，首先試圖把握真實的墨子思想之價值根源問題，探討墨子思想的核心概念為何？其價值意涵為何？以及如何的將其哲學進行系統化的詮釋？是故以《墨子》一書作為研究主軸，佐以相關文獻、學術論文以進行主題式的探討與釐清。

再者，筆者將墨子其人所處的時代背景，以及其時代思想的交互影響關係為前提，探究其哲學意涵與價值根源，最後進行其思想的系統化建構以及相關問題的釐清，誠如謝林（Friedrich Wilhelm Joseph von Schelling，1775～1854）認為：

> 在從事個別專業的研究之前，必須首先認識到各門科學的有機整體。如果一個人要研究一門特定的科學，那麼他必須了解以下方面：首先，這門科學在那個整體中處於什麼地位，那個賦予這門科學以生命的特殊精神是什麼東西；其次，這門科學是通過怎樣的發展方式而與整體的和諧構造結合在一起？除此之外，他還需要了解他本人對待這門可科學的方式，以便不是作為一個奴隸，而是作為一個自由人在整體的精神裡面思考這門科學。通過以上所述，你們已經認識到，一種學術研究方法論的唯一來源，就是對於全部科學的活生生的聯繫的一種現實而真實的認識，而如果缺乏這種認識，那麼任何的指導都必然是僵死的、無精神的、片面的、狹隘的。〔註78〕

故在此論文研究過程中主要以其思想的價值與墨學的核心概念以及衍生出的幾大問題，進行研究與重申。最後筆者以說明論文的結構方式進行小結，在第一章緒論部分，首先說明此論文的研究動機與目的，並提出《墨子》道德哲學中將處理的四大問題：

（一）《墨子》書中的「天」、「義」、「兼愛」以及「利」的序列關係為何？

〔註78〕〔德〕謝林著，先剛譯：《學術研究方法論》，北京：北京大學出版社，2019，頁84。

（二）《墨子》書中的「利」究竟是為何？

（三）《墨子》書中的「利」與古典效益主義的「效益」問題

（四）《墨子》書中的思想究竟是不是效益主義？

　　然而其四大母體問題下亦會產生其餘子問題，將盡可能地進行全面性的理解與說明，再者根據文獻資料的分析與探討，釐清關於以上問題中的研究範圍與反思，再進一步的運用「以『思想單位』進行古籍研究」、「基源問題研究法」、「層面整體動態觀」與「創造的詮釋學」之研究方法，以「文本」本身探究其「基源問題」進行考察，並在考慮「歷史背景」與「時空」下進行「實謂」、「意謂」、「蘊謂」等理解與爬梳，然而在其進行研究的同時，必然必須考慮《墨子》中其判斷的方法與思考，是故於第二章節部份分別處理關於《墨子》中的「三表」思想、《墨辯》中的判斷思維以及《墨子》中關於判斷表準之問題釐清，然而理解其判斷標準後，於第三章進一步對《墨子》道德哲學的理論基礎進行考察說明與以及其理論架構之重詮。

　　此一說明於考察分別由《墨子》書中之四大概念著手，即「天」、「義」、「兼愛」以及「利」概念的意義為何？進行描述，爾後再進行《墨子》道德哲學理論架構之重詮，關於此一問題，首先面對的即是《墨子》道德哲學「天」、「義」、「兼愛」以及「利」之序列研究，然而此一問題已在學界有著極為豐富的討論，筆者亦冀望於此討論中釐清更多元思想與說明，於此討論後，筆者將特別將《墨子》道德哲學中「利」的特性特別說明以及試著定位《墨子》道德哲學中「利」。

　　此外，本文於第四章將針對《墨子》道德哲學之問題與釐析作為研究重心，考察並了解《墨子》道德哲學之「利」與古典效益論之「效益」之差異、《墨子》文中「天下大利」與「最大善餘額」之差異、《墨子》道德哲學「不可量化」與「可量化」之道德差異，最後以《墨子》道德哲學的現代意義中的獨特性與限制、《墨子》道德哲學的時代意義以及《墨子》道德哲學與古典效益論之思維釐清，並且在最後給予結論，作為本文的結論，更期待未來的研究工作能再為學術界略盡綿薄之力。

第二章　《墨子》道德哲學的判斷標準

余英時認為：

> 中國思想之特色為「大體而言」，中國思想是比較實際的，貼近於人
> 生，有內在系統而無外在系統，抽象化、理論化、邏輯化的思考方
> 式，不是中國的特色，也不受重視。〔註1〕

然而考察先秦時期，百家爭鳴之際，墨家思想與於其他學說，有著顯著
的不同，《墨子》哲學中的「三表法」與「墨辯」〔註2〕思想有著其特殊的意
義與價值〔註3〕。韋政通認為：「墨子的出發點是要將政治與道德合成一體，

〔註1〕余英時：《從價值體系看中國文化的現代意義》，臺北：時報文化出版公司，
　　　1989，頁67～72。

〔註2〕西晉魯勝，曾刻意研究《墨子》書中〈經〉、〈說〉四篇，並為之作注。在《墨
　　　辯注·序》中，他第一次稱這四篇為《墨辯》：「墨子著書，作經以立名本，……
　　　墨辯有上、下經，經各有說，凡四篇。」通讀其文，《墨辯》當為「墨子所作
　　　辯經」之稱謂。轉引自：崔清田，《顯學重光》，頁148～149。

〔註3〕「墨辯」的特殊之處在於：大部分西方學者以及不少中國學者都認為中華傳
　　　統文化之中沒有邏輯。若我們以布魯格（W. Brugger）等三十五學人編著的《西
　　　洋哲學辭典》關於「邏輯」條目的定義：「邏輯普通分為三大部分：概念（其
　　　語言符號：字），判斷（其語言符號：語言或命題）及推論。邏輯科學的創始
　　　者亞里斯多德，在闡述推論時，也討論了科學及方法。（布魯格等著；項退結
　　　編譯：《西洋哲學辭典》，臺北，國立編譯館，1976，頁241。）與《大辭典》
　　　對「傳統邏輯」的定義是：「也稱亞里斯多德式邏輯。此邏輯傳統是由希臘哲
　　　學家亞里斯多德所開創，經過中世紀的因襲繼承，流傳至今。這種邏輯理論
　　　主要集中於主賓命題的考察與分析，以及三段論的大力開發。傳統邏輯往往
　　　將思想三律看作是一切推理的基本根據（《大辭典》上冊，臺北，三民書局，
　　　1985，頁315。）」，如果拿這兩條定義來審核《墨子》是否有邏輯，那麼答案
　　　是明顯的，是肯定的。然而自從沈有鼎《墨經的邏輯學》，詹劍峰的《墨家的

重建社會新秩序以及社會新制度，這是初期墨家的目標，這也表達了一個概念，『方法或論證，僅是服務於這個目標的一種工具』。」〔註4〕吳進安亦認為：

> 是故墨家哲學的重點，初期是以天下蒼生之幸福為考量，至後期墨辯才是落在思辯形式上，發展出經驗與理性並重的知識論體系。…墨子及後起之墨辯有名的『論理學』（思辯方法）及『三表法』（批評議論的法儀）卻是先秦中國哲學中，頗具論證形式意義的一種知識論，為其他學派所無，尤其他應用『三表法』在各種哲學觀念表達及實踐原理與道德勸說上自成一套系統化的知識理論應最是難得。〔註5〕。

思想是人類的一種心智活動，當人類在進行思維活動時，並非任意的，雜亂無章的，相反的，它是循著一定的法則，進行有效的思考。〔註6〕換句話說，墨家關於「判斷」事物或釐清「是非善惡」有著自成體系，其中又以經驗出發之「三表法」、以及經驗、理性並重「墨經」（墨辯）系統中的「權」問題，以及其「十論」推演出的「天」為「法儀」（莫若法天）以及「義」與「利」關係……等等之相關論述，構成了墨學中十分特別的「論理」系統，也構成了其特殊的意義與價值。

有鑑於此，墨子之學，愛與智並重，「物之所以然，與所以知之。」，智之事也。〔註7〕正如梁啟超所說：

> 凡一學說之獨立也，必排斥他人之謬誤，而揭櫫一己之心得，若是者必以論理學為之城壁焉，其難他說也，以違反於論理原則者摘其

形式邏輯》、劉福增的〈亞氏理則學與墨子辯學之比較研究〉、鐘友聯的《墨家的哲學方法》以及陳孟麟的《墨辯邏輯學》、《墨辯邏輯學新探》相繼出版以後，學者專家們一致認為墨辯就是邏輯學，雖然它的內容與西方傳統邏輯不完全相同。而且還肯定墨子的辯學與亞里斯多德的邏輯學（亞里斯多德的邏輯學著作，收在他的論文集《工具》（Organon）一書中。亞氏把邏輯學稱作「解析學」（analytics）。「邏輯學」（Logic）一名是亞氏身後才被使用的。），印度的因明學，在人類邏輯史上，鼎足而立，相互媲美。墨辯邏輯學和亞氏邏輯一樣，不但在古代，而且在現代，也還是邏輯學的寶庫。這已是墨辯專家們的共識。轉引自王讚源：《墨子》，頁142～143。

〔註4〕韋政通：《中國思想史》，臺北：水牛出版社，1993，頁126。
〔註5〕吳進安：《墨家哲學》，頁72。
〔註6〕鐘友聯：《墨家的哲學方法》，臺北：東大圖書股份有限公司，1976，頁21。
〔註7〕方授楚：《墨學源流》，頁173。

伏，則所向無敵焉。其自樹義也，以印合於論理原則者證其真，則持之成理矣。此學在中國之發達，故甚幼稚也。然秦漢以後，則並其幼稚者而無之。萌芽之稍可尋者，為先秦諸子而已。諸子中持論理學而最堅而用之最密者，如若墨子，墨子一書，盛水不漏者也，綱領條目相一貫，而無或牴牾者也。何以故？有論理學為之城壁故，故今欲論墨子全體之學說，不可不先識其所根據之論理學。〔註8〕

一般而言，西方哲學之特色，乃在於概念的建構，重視論證，以成一系統嚴謹之學；而中國哲學而有「事上見理」之特徵。〔註9〕然而張岱年認為中國哲學中，關於致知方法的研討，大別言之，可以說有六〔註10〕：「驗行」〔註11〕、「體道」〔註12〕、「析物」〔註13〕、「體物或窮理」〔註14〕、「盡心」〔註15〕以及「兩一或辯證」〔註16〕，其中特別指出「驗行」與「析物」為墨家的方法而兼用「兩一或辯證」，即：「即以實際活動或實際應用為依據的方法」與「即對外物加以觀察辨析」二者為主而「論反復兩一的現象與規律者」為

〔註8〕梁啟超：《子墨子學說》，臺北：臺灣中華書局，1985，頁55～56。
〔註9〕吳進安：《墨家哲學》，頁74。
〔註10〕張岱年：《中國哲學大綱》，臺北：藍燈文化事業股份有限公司，1992，頁575。
〔註11〕驗行：即以實際活動或實際應用為依據的方法，這是墨家的方法。清代顏習齋的方法亦屬此種。
〔註12〕體道：即直接的體會宇宙本根之道，是一種直覺法，這是老子莊子的方法。另，關於其「直覺」一詞，有其補充之說明，為供理解過程之清晰與完整呈現，筆者節錄如下：中國哲學中，講直覺的最多。而老莊的直覺法，與孟子的直覺法不同。後來陸王的直覺法，與孟子為近。程朱雖注重直覺，而實非專以直覺為方法，其所用之直覺法，又與老莊及陸王都不同。直覺乃一譯名，中國本亦有與直覺同義的名詞，即是「體認」。現在用直覺一詞，乃以其較易了解。以中國哲學中的一些方法為直覺，因為中國哲學家的這些方法與西洋哲學中所謂直覺法有類似處，並非謂中國哲學中此類方法與西洋哲學中所謂直覺法完全相同。張岱年：《中國哲學大綱》，頁604。
〔註13〕析物：即對外物加以觀察辨析，這是惠子公孫龍及後期墨家的方法，清代戴東原的方法亦可歸入此種。
〔註14〕體物或窮理：即由對物的考察以獲得對於宇宙根本原理之直覺，兼重直覺與思辯，可以說是體道與析物兩法之會綜。此方法可謂導原於荀子及《易傳》，後來邵子張子及小程子朱子的方法，都是此種。
〔註15〕盡心：即以發明此心為方法，亦是一種直覺法。這是孟子及陸王的方法。
〔註16〕兩一或辯證：中國哲學中論反復兩一的現象與規律者頗多，而將反復兩一作為一種方法而加以論述的，則較少；為莊子與《易傳》論之較詳。其發端在於老子。後來張子程子亦言及之。在中國哲學中，這個方法不是獨立的，哲學家用此方法，都是以它法為主而兼用此法。

輔。〔註17〕關於以上所述，也就是說墨家思想將所處現實中的道德判斷與實踐的實際現象分析，同時在其思想當中論述。

　　另外，或許我們能說，墨家的思維方式，是主客對立的，講求分析，重視觀察。墨家之認識事物，是把事物置於主體之外，而以固定的理智的概念對事物，不斷加以概念之規定，這是科學的方法。〔註18〕是故王讚源歸納墨子的科學精神有：「當而不可易」、「無徵不信」以及作為合理標準的「法儀」。〔註19〕然而關於墨家的「判斷標準」究竟為何？筆者認為其雖不只於本文中所列之「三表法」、「墨經（墨辯）」或「天」（法儀）、「義」（萬事莫貴於義）以及「利」概念……等，然就以本文中行文論證之需要，先將提及《墨子》中「三表思想」、《墨辯》中的判斷思維以及相關問題之釐清為主要之理論為論。

第一節　《墨子》中的「三表」思想

　　在《墨子》文本中墨子用於論證事物之理的原則，其墨子思想中的「三表」思想是他優先的思維方法之一，誠如吳進安所言：

> 墨子在論證一事物存在之理的立論原則，「三表法」是他首要的思維方法，「三表法」的提出表示這種認知及建構真理的方法是一種客觀的、歷史的和邏輯的思維方法。〔註20〕

鐘友聯亦表示：

> 三表法是墨家早期的論證形式，由於三表法的建立，已經奠定了墨家哲學論證的基礎。從三表法的論證精神，我們已經可以看出它有可能發展出一套形式邏輯，或許是演繹的，或許是歸納的。三表法，影響了墨家的哲學型態，在知識論方面，或是基本哲學觀點，都有決定性的影響。〔註21〕

　　然而究竟何為「三表法」呢？即：「有本之者，有原之者，有用之者」。在〈非命上〉篇中給了「三表法」十分清楚的定義，其記載如下：

> 子墨子言曰：「必立儀，言而毋儀，譬猶運鈞之上而立朝夕者也，是

〔註17〕張岱年：《中國哲學大綱》，頁575～576。
〔註18〕唐君毅：《哲學概論》，臺北：臺灣學生書局，1978年，頁180。
〔註19〕王讚源：《墨子》，頁189。
〔註20〕吳進安：《墨家哲學》，頁74。
〔註21〕鐘友聯：《墨家的哲學方法》，頁45。

非利害之辨，不可得而明知也。故言必有三表。」何謂三表？子墨子言曰：「有本之者，有原之者，有用之者。於何本之？上本之於古者聖王之事。於何原之？下原察百姓耳目之實。於何用之？廢以為刑政，觀其中國家百姓人民之利。此所謂言有三表也。

然而關於《墨子》書中關於「三表法」的意義，吳進安更認為：

值得一提的是這「三表法」在墨子的哲學體系和思想的展開中具有重要的意義，因為它是墨子固有思想的傳播方式，它有自己的邏輯、經驗和歷史事實，具有系統性。〔註22〕

我們能透過《墨子》書中之論述與記載，整理其相關文本，進而理解出在《墨子》中的「三表」思想是佔有十分重要的地位，而有關於《墨子》書中所述之文本，將於下文中進行理解與敘述，然而從上所述，學者們大抵將墨家思想，簡易以《墨子》中為天下萬民求福祉之事與《墨經》中不同論證形式的改變，而將墨家哲學分為前期墨家與後期墨辯，然此一分野方式是否具有一定程度的合理性？由於此一問題並不影響構成本文主要之論點，是故將暫不論述，並於此將以此段所述之前期「墨家思想」與「後期墨辯」進行描述之。

然而由以上所述，我們能將《墨子》中「三表法」的思想簡言將其視為墨家哲學中關於研判「是非利害」的重要論證方法之一，也是《墨子》一書中將其「行為」（行）與「知識」（知）二者合於邏輯的具體應用的程序以及法則，更是墨家哲學中作為「認識」與「判斷」的關鍵方法，如同鐘友聯所說：

墨家最早提出「三表法」，作為認識判斷的準則；…我們可以看出墨家重視經驗是不可否認的事實，墨子說：「天下之所以察知有與無之道者，必以眾人之耳目之實之有與亡為儀也；成或聞之見之，則必以為有；莫之聞莫之見，則必以為無。」這是墨家認識判斷一個重要的判準〔註23〕

呈上所述，「三表」思想在墨家哲學中佔有十分重要的地位，所以對於有關於《墨子》書中所述「三表」之文本進行理解是必要的，然而我們對於《墨子》文本中的三表思想進行考察後，並將其原文羅列如下，如〈非命上〉篇

〔註22〕吳進安：〈從中國古代鬼神觀念看墨學明鬼意涵〉，《哲學與文化》，46（12期），2019年，頁92。
〔註23〕鐘友聯：《墨家的哲學方法》，頁11。

云：

> 子墨子言曰：「必立儀，言而毋儀，譬猶運鈞之上而立朝夕者也，是
> 非利害之辨，不可得而明知也。故言必有三表。」何謂三表？子墨
> 子言曰：「有本之者，有原之者，有用之者。於何本之？上本之於古
> 者聖王之事。於何原之？下原察百姓耳目之實。於何用之？廢以為
> 刑政，觀其中國家百姓人民之利。此所謂言有三表也。

〈非命中〉篇亦云：

> 子墨子言曰：「凡出言談，由文學之為道也，則不可而不先立義法。
> 若言而無義，譬猶立朝夕於員鈞之上也，則雖有巧工，必不能得正
> 焉。然今天下之情偽，未可得而識也，故使言有三法。三法者何也？
> 有本之者，有原之者，有用之者。於其本之也，考之天鬼之志，聖
> 王之事；於其原之也，徵以先王之書；用之奈何，發而為刑。此言
> 之三法也。使言有三法」

從上述文本中的「言有三表」或「言有三法」二句，便能看出墨子對於
三表的重視程度，嚴靈峰更認為：

> 墨子創立了他的『三表法』，雖然是中國古代邏輯思想的初步發展；
> 但可說是比較有組織的一種思想結構，最少包含了歸納和演繹兩種
> 方法。他的一切言論，都是以此『三表法』為儀則或標準。」〔註24〕

然而於此處所謂之「儀則」之產生，首要便是「立儀」，所謂「立儀」也
就是要建立法儀，故此必須要先建立一套標準或指引的基礎，於此方能作為
我們判斷的準則，故此「法儀」即是我們追求一般普遍性與其必然性所必須
仰賴的準則，於此我們便能理解關於墨家便是以「三表法」作為辨別是非利
害的準則，誠如〈非命下〉篇云：

> 凡出言談，則必可而不先立儀而言。若不先立儀而言，譬之猶運鈞
> 之上而立朝夕焉也。我以為雖有朝夕之辯，必將終未可得而從定也。

〈法儀〉篇亦曰：

> 天下從事者，不可以無法儀，無法儀而其事能成者無有也。雖至士
> 之為將相者，皆有法，雖至百工從事者，亦皆有法。百工為方以矩，
> 為圓以規，直衡以水，以繩，正以縣。無巧工、不巧工，皆以此五
> 者為法。巧者能中之，不巧者雖不能中，放依以從事，猶逾己。故

〔註24〕嚴靈峰：《墨子簡編》，頁96。

百工從事，皆有法所度。

換言之，我們就其「三表法」在〈非命〉篇中原文論述的過程，可以發現其原來立論之目的是為了批判「執有命」之說，有鑒於此我們要必須先確立判斷理論是非的標準是什麼？此外，關於〈非命中〉篇中所記載的原文內容，譚家健將其解釋為：

> 儀就是標準，運鈞又作員鈞，是一個旋轉的盤子，為製陶器的工具。但日晷是不能動的，所以在上面可以刻定早午晚的時間記號（立朝夕），作為測定時間的標準。旋轉著的盤子不可能起這樣的作用，所以說即使很精巧的工匠也不可能測到正確的時間，這個比喻所要說明的，就是真理的標準問題。在人類歷史上，這是一個很重要的問題。能自覺提出這個問題，在中國認識史上，是一個很大的進步。〔註25〕

通過上述看法，我們可以得出，在這也就表示著其中的「言必立儀」是墨子思想中非常重要的一個觀念，也是判斷是非、理解利害的基本出發點，「立儀」方能「使百工從事，皆有法所度」，因為若無「法儀」則「其事能成者無有也」，若無此一標準，則無從判斷何者為正確？何者為錯誤？百工皆須有其法度，何況論及判斷是非利害，是故「三表法」的重要性可見一斑，但是「三表法」之規則究竟為何呢？然而梁啟超在將〈非命上〉篇與〈非命中〉篇關於「三表法」的原文比對，並將三表法再予細分為：

> 第一法　甲……考之於天鬼之志
>
> 乙……本之於先聖大王之事
>
> 第二法　甲……下察諸眾人耳目之情實
>
> 乙……又徵以先王之書
>
> 第三法　……發而為刑政以觀其是否能中國家人民之利。
>
> 在三法中，其第一法之甲，第二法之乙，皆屬演繹派，其第一法之乙，第二法之甲與第三法，皆所謂歸納派論法也。是故墨子每樹一義明一理，終未嘗憑一己之私臆以為武斷也，必繁稱博引，先定前提，然後下其斷案。又其前提亦未始妄定，必用其所謂三表三法者，一一研究之，而求真理之所存。〔註26〕

〔註25〕譚家健：《墨子研究》，貴州：貴州教育出版社，1996，頁26。

〔註26〕梁啟超：《子墨子學說》，頁70。

筆者以為上述三法之論述，實為精銳之言，若我們將上述三法的規律，在《墨子》文本中查找，不難發現在其文本中有著多處的篇章內容均使用此三表進行論述，誠如鐘友聯以簡略舉出〈非命〉、〈非樂〉、〈明鬼〉三篇做實例加以分析，發現這三篇的論證結構，主要均是以「三表法」為骨幹，其進一步表示：

> 在應用第一表法進行論證的時候，往往是用正反二種論證形式的⋯。正證，先從正面找出證據，證明該命題是不正確的。反證，先假定該命題是真的，然後再證明此命題是假的。⋯在應用第二表法進行論證時，同樣可以有正反兩種情況。正面：可以看得見，可以聽到的，就是存在的。證明鬼神的存在，即是採用正面的證明。反面：看不到聽不到的，就是不存在的。非命時，即採用反面的證明。第三表是用之者⋯這是基於墨家的一項價值判斷。所謂「用而不可，雖我亦將非之。且焉有善而不可用者？」〔註27〕。

倘若我們順其脈絡來看，關於三表法之內涵探討，並不難發現三表之間並不是完全各自獨立為政，如同第一表與第三表，關於過去經驗中的效用與現在或關乎未來的效用，三個不同的論證法則，彼此之間可以互相溝通、援引，在《墨家的哲學方法》一書中表示：

> 根據這項價值判斷的準則，可以用來檢驗一個尚未判定是否正確的論題。至於應用的時候，第三表法也可以採用正反二種形式來進行論證。⋯正證：如果相信命運的存在的話，那麼人們便怠惰不做事，以為一切都是命運安排好的，在努力也是枉然的。可見如果相信命運的存在，那麼，產生的結果是不利的。反證：如果相信沒有所謂命運的存在，那麼人們便勤勉從事，以為一分耕耘一分收穫，努力是可以有代價的。可見，如果不相信命運，那麼產生的結果是有利的。〔註28〕

關於以上所述，如若再參照其他學者對於此一觀點的論述與討論，亦可查找出關於三表之互引互用，與其相關聯之處，進而推導出「三表」是交互的系統關係，更能從此交互關係，進行於此系統的關聯性之說明，便誠如李賢中關於《墨子》中關於三表法的看法而更進一步地說明，其認為：

〔註27〕鐘友聯：《墨家的哲學方法》，頁30。
〔註28〕鐘友聯：《墨家的哲學方法》，頁23～33。

墨學十論的思想大多以三表法為其論證的骨幹，雖然只是墨家獨特
的思想準則，而不具備有效論證的嚴格性，但三表法的提出卻有一
定的價值，它在中國哲學的發展歷程中呈現出以方法為研究探討對
象的新階段。〔註29〕…其實，三表法之間有一定的關聯性，並非斷
然無關的三種標準，所以本之者所根據的是同一標準。而此一標準
的根源乃「天志」。…不過第二表「原察眾人耳目之實」的標準，不
限於解釋為檢證某物是否存在，如：「鬼神」或「命」等；而包含百
姓人民對施政利害觀感之「實」，如此則第二表與第三表也有可通之
處。…三表法在時間上含括著過去、現在與未來，本之者是根據過
去聖王的經驗效用；原之者是根據過去的及現在眾人的五官經驗；
用之者則是以現在和將來的經驗效用為準則。在推論上，符合三表
者為正確，不符合為錯誤，三表法雖不符合純粹形式論證的架構，
但其中以有歸納法與演繹法的推理形式。〔註30〕

若綜上所言，由於三表之進路為「尊重經驗」之「本於古者聖王之事」
進行推論，「考察現實」狀態之「原」而「參古觀今」之，最後進行應用以證
明為「用」，必亦得應用得其「利」，方為有存在價值之結論，否則便如同〈耕
柱〉篇所言：「子墨子曰：言足以復行者，常之；不足以舉行者，勿常。不足
以舉行而常之，是蕩口也。」，而墨翟與《墨子》一書中更表示：

墨學含有客觀與邏輯的科學精神。…此外，〈非命〉篇所提出的「三
表法」：本之者、原之者、用之者，也都有一定的可經驗性、可檢證
性。法儀也就是墨子所把握的合理標準，這個標準具有客觀性、普
遍性和必然性。…墨學中的科學精神以倫理精神為導向。〔註31〕

筆者十分認同此一說法，並認為其清晰的表示出墨子「三表法」的關鍵
之處，有鑒於此，我們不難發現若由「三表」所言之「本之者、原之者、用之
者」出發，並進行是非對錯之價值判斷時，其包含著過去、現代與未來的時
態與所處的狀態，進而由「三表」相互進行推論與援引之，然其論證之目的
必將落實於現實，必需要能「用」，而「用」要能得「利」，要能得其「天下大
利」，而並非所謂空談之理、蕩口之說，若為無「用」之論，亦必不得其「利」，

〔註29〕　李賢中：《墨學——理論與方法》，頁 51～52。
〔註30〕　李賢中：《墨學——理論與方法》，頁 52～53。
〔註31〕　孫中原、吳進安、李賢中：《墨翟與《墨子》》，頁 449～450。

便亦非「合理」，此一標準之論更亦非合於「天志」此一「法儀」標準之源，然「墨學」之所以為「墨學」，此一關鍵之處，必在於其能以落實於真實世界與實際情況而能「興天下之利」與「除天下之害」，是故筆者十分認同上述所言之：「墨學的科學精神以倫理為導向」一句，並以此句作為本節之小結為論。

第二節 《墨辯》中的判斷思維

　　《墨子》文本中記載著墨子與人論辯之時，經常使用「天」、「上帝」以及「鬼神」這些語詞，但以《墨經》來談論解釋相關概念或論證時，以《墨經》所述約五千七百多字中，幾乎沒有使用上述語詞，這表示了墨子與《墨經》兩種不同的思考模式，然而二者均歸於「墨學」，但亦有其不同之處，是故將於此節進行說明之。而「判斷」之意由《說文解字》曰：「判，分也。從刀，半聲」，段玉裁注曰：「古辨、判、別三字意同也。」〔註32〕《說文解字》又曰：「斷，截也」〔註33〕，是故「判斷」其意自明則不必論之。

　　然而《墨經》中說明知識所成立之過程，墨子由事物的必然現象，從而發現事理法則的「宜」，和事理法則的「故」，這皆是他思想獨到的地方。《墨經》所指的是《經》上下和《經說》上下等四篇，另外再加上《大取》與《小取》共六篇，統而稱之為「墨辯」。〔註34〕

　　由於《墨經》思想在墨家哲學中扮演著舉足輕重的地位，乃是墨家哲學中進行「認識」、「判斷」以及「推論」的重要關鍵，然而「墨經」或稱「墨辯」一詞，本文中將統稱為《墨辯》並不另外獨立探討〈大取〉與〈小取〉二篇，將《墨辯》六篇統一而論。

　　在中國哲學中，墨家哲學中對於「辯」的論述十分詳細，墨子本身也十分重視「辯」。誠如〈耕柱〉篇有云：

> 治徒娛、縣子碩問於子墨子曰：「為義孰為大務？」子墨子曰：「譬若築牆然，能築者築，能實壤者實壤，能欣者欣，然後牆成也。為義猶是也。能談辯者談辯，能說書者說書，能從事者從事，然後義事成也。」

〔註32〕段玉裁注：《說文解字注》，頁182。
〔註33〕段玉裁注：《說文解字注》，頁724。
〔註34〕吳進安：《墨家哲學》，頁73。

換句話說，墨子以「談辯」、「說書」以及「從事」各種不同的方式，說明以上均為「為義」的重要工作之一，也就是說《墨子》論「辯」這一件事與具體生活之倫理行為，並不可二分為之。但就《墨經》與〈小取〉中所述之「辯」，似乎具有不同意義，考察《墨子》文本關於「辯」之相關論述，可以發現在《經上》中對於「辯」的定義如下：

> 辯，爭彼也。辯勝，當也。

〈經說上〉又云：

> 辯：或謂之牛，或謂之非牛，是爭彼也。是不俱當。不俱當，必或不當，不若當犬。

墨家所謂之「辯」是指以言論爭論一個命題。倘若辯論沒有結論，這便是不符合其所「辯」之要求，在〈經下〉曰：

> 謂辯無勝，必不當。說在辯。

〈經說下〉又曰：

> 所謂非同也，則異也。同則或謂之狗，其或謂之犬也；異則或謂之牛，牛或謂之馬也。俱無勝。」是不辯也。辯也者，或謂之是，或謂之非，當者勝也。

然而〈小取〉中篇云：

> 夫辯者，將以明是非之分，審治亂之紀，明同異之處，察名實之理，處利害，決嫌疑。焉摹略萬物之然，論求群言之比。以名舉實，以辭抒意，以說出故，以類取，以類予。有諸己不非諸人，無諸己不求諸人。

由上文可知，〈小取〉篇中的「辯」的作用可分為四：即「明是非」、「審治亂」、「明同異」與「察名實」，在墨學其中包含著關於價值判對與實際事實的分析並揉雜其中，而其中又「以名舉實」〔註35〕、「以辭抒意」〔註36〕、「以

〔註35〕筆者按《墨子》書中所載，進行其字義之整理說明如下：〈經上〉云：「名，達、類、私。」；〈經說上〉曰：「名：物，達也。有實必待之名也。命之馬，類也。若實也者，必是名也。命之臧，私也。是名也止於是實也。聲出口，俱有名，若姓字灑。」〈經上〉：「舉，擬實也。」；〈經說上〉曰：「舉：告以之名，舉彼實故也」；〈經上〉云：「實，榮也。」；〈經說上〉曰：「實：其志氣之見也，使人知己。不若金聲玉服。」，以上說明了以「名」（名稱）「舉」（擬定）「實」（真實之事物）的進行過程。

〔註36〕雖然以「名」雖可「舉」「實」，但不能「抒發其意」，所以進一步要以「辭」方能達意，〈經下〉云：「非半，弗斱，則不動。說在端。」；〈經說下〉云：

說出『故』〔註37〕」〔註38〕三者更能說明墨家關於「辯」的方式，試言之，墨子的「辯」亦是一種探求真理的方式為其進路。張岱年在其《中國哲學大綱》一書中認為：

> 墨家所謂辯，有二義：一爭辯之辯，二辯說之辯。《墨經》中所說之辯，為爭辯之辯；《小取》所說之辯，則是辯說之辯（辯有廣義狹義，馮友蘭先生說）。《墨經》上云：「彼，不可，兩不可也。（《彼舊作攸，從張惠言校》）辯，爭彼也。辯勝當也。」《經說上》：「彼：凡牛、樞非牛，兩也。無以非也。辯：或謂之牛，或謂之非牛，是爭彼也。是不俱當。不俱當，必或不當，不若當犬。」所謂辯，即「爭彼」之義；所謂「彼」則是「不可」之義。兩方互謂不可，謂之爭彼。對於一事，此認為是，彼認為非，便是爭彼。……《墨經》中又有所謂說。《經上》云：「說，所以明也。」說是所以明，與辯不同。《小取篇》關於辯有系統的論述。《墨經》分辯與說為二，《小取篇》則合辯與說為一。〔註39〕

有鑑於此，我們便能得出墨家所謂「辯」有二種不同的意義，一是論及「爭辯」，另外一種是說明「辯說」之意。《墨經》中所說之辯，將「辯」與「說」分別為兩種不同系統，而〈小取〉中將此二者合而為一看待，汪奠基認為《墨經》「作為普通論辯形式，及古代辯證法、對話的形式」〔註40〕，並將〈大取〉、〈小取〉分別定位，其將〈大取〉定位為一篇討論辯證思維形式、技術的古代重要文獻資料；與〈小取〉篇分別代表墨辯邏輯比較高級的邏輯理論，和形式邏輯推論方面的系統形式。其更表示：只不過「大取總結了墨家論邏輯的辯證思維的全面問題。」。〔註41〕

「非：鄀半，進前取也，前則中無為半，猶端也。前後取則「端中」也。鄀必半，「無」與「非半」，不可斫也。」，由此便說明了將「名」集合成「辭」，而「借辭抒意」。

〔註37〕「故」意即其所以然之原因，「此所謂小故，今邏輯中稱為必要原因；此所謂大故，今邏輯中稱為充足即必要原因。」張岱年：《中國哲學大綱》，頁 615。

〔註38〕〈經上〉曰：「說，所以明也。」；〈經上〉曰：「故，所得而後成也。」；〈經說上〉曰：「故：小故，有之不必然，無之必不然。體也，若有端。大故，有之必然，無之必不然，若見之成見也。」此即將原「故」以「說」之法以說明出處以表示之，亦是其「辯」中的立論基礎。

〔註39〕張岱年：《中國哲學大綱》，頁 614。

〔註40〕汪奠基：《中國邏輯思想史料分析》，臺北：仰哲出版社，1983，頁 13。

〔註41〕汪奠基：《中國邏輯思想史料分析》，頁 371。

此外，鐘友聯更表示：墨家的思想最講求論證，而且還想發展出比較同異的歸納法，和墨家自己獨特的辯學。在墨經和小取，已經自覺地要發展出一套邏輯。〔註42〕筆者認為上述二者之觀點將墨家哲學中的「辯」概念之獨特性，以簡單的行文方式說明的十分清楚，更說明了《墨辯》重視論證的特殊性。

然而論及《墨子》中的「辯」則不能不論及「辭」，而我們考察在《墨子》一書中關於涉及「辭」的立論時，可以在〈小取〉篇發現，基本上可以分析出有基本七種，〈小取〉有云：

> 或也者，不盡〔註43〕也。假〔註44〕者，今不然也。效者，為之法〔註45〕也，所效者〔註46〕所以為之法也。故中效，則是也；不中效，則非也。此效也。辟也者，舉他物而以明之也。侔也者，比辭而俱行也。援也者，曰「子然，我奚獨不可以然也？」推也者，以其所不取之同於其所取者，予之也。是猶謂也者，同也。吾豈謂也者，異也。

由上文可以看出其包含：

（一）「或也者，不盡也之『或』」

（二）「假者，今不然也之『假』」

（三）「效者，為之法，所效者所以為之法也。故中效，則是也；不中效，則非也。此效也的『效』」

（四）「舉他物而以明之也的『辟』」

（五）「比辭而俱行也的『侔』」

（六）「援也者，曰「子然，我奚獨不可以然也？」之『援』」

〔註42〕 鐘友聯：《墨家的哲學方法》，頁14。

〔註43〕 《墨經上》云：「盡，莫不然也。」非莫不然，即「或」。

〔註44〕 《經下》云：「假必誖，說在不然。」；《經說下》：「假：假必非也而後假。狗，假霍也，猶氏霍也。」以《兼愛下》為例：「誰以為二君，使其一君者執兼，使其一君者執別」為例，姑且試著讓兩者各盡其見。假設這裡有兩個國君，其中一個主張兼的觀點，另一個主張別的觀點，即此之「假設」。

〔註45〕 所謂「法」者，《墨經上》曰：「法，所若而然也」，〈經說上〉：「法：意規圓，三也，俱可以為法」，「意」、「規」、「圓」是所若其為所以然的標準之法，另《經說下》又云：「一：方貌盡。俱有法而異，或木或石，不害其方之相合也，盡貌，猶方也。物俱然。」，此更說明了相類之不同事物之同一表準之意。

〔註46〕 法是所若而然，效即是若之為然。……所效即是大前提，效是以大前提為法，若之而然。張岱年：《中國哲學大綱》，頁617。

（七）「推也者，以其所不取之同於其所取者，予之也。是猶謂也者，同
　　　也。吾豈謂也者，異也之『推』」

此七種形式均各不相同，各有其職司。然而《中國哲學大綱》一書中將
上述七種立辭方法分別作了解釋〔註47〕，並如其所述，筆者認為關於「或、
假、效、辟、侔、援、推」這七種立辭方式分別有著不同的重要性，例如：張
岱年認為：推頗近於歸納，然而並非即是歸納。歸納是由觀察特例以歸納出
通則；推是經驗了若干情形，有以推斷其它與所經驗者相同之情形，仍是由
特殊以推特殊，並非籠成通則。〔註48〕又說明〈小取篇〉所說之「效」「推」
二法，尤其是可以與西洋邏輯中的演繹和歸納相提並論的。〔註49〕而演繹的
論證或歸納的論證分別有什麼差異呢？張岱年說：

> 一個演繹的論證，是一種可演證的推論；一個有效的演繹論證，不
> 可能有前提真而結論假的情形。…演繹論證的結論，根本就是內在
> 於前提裡面，止不過經過一套演證的手續，使結論清楚地顯示出來
> 而已。因此演繹論證是必然有效的。〔註50〕

而一個歸納論證，就是要在許多不同的個別案例當中，找出它的普遍之
規律或共通之法則。若我們分別來看待「演繹」的論證或「歸納」的論證此二
者可以發現其明顯的差異性與其不同的系統關係，但是此二者都是為了進行

〔註47〕筆者將其所述，整理羅列如下：
　　　　或是今邏輯中所謂或然，亦曰概然。或然即不盡然。如云馬或白，即馬不盡
　　　　白。假是假設。現在未然，不過假設其如此而已。效是近乎今所謂演繹的一
　　　　種方法。辟是譬喻，以它物明此物。二物相類，一是所己知，一是所未知，
　　　　以己知之物喻未知之物。侔是以彼辭證此辭。二辭相似，一是公認的，一是
　　　　不公認的。以公認者證明不公認者。比辭即以二辭相比，俱行即彼辭既可成
　　　　立，則此辭亦可成立。援是援例。我所說與你所說相同，你以你所說者為然，
　　　　便亦當以我所說者為然。推是接近今所謂歸納的一種類推法。所取者即所己
　　　　經驗者；所不取即所謂未經驗者。由經驗知某些事物如此，因而推知，所未
　　　　經驗者，如與某些事物相同，則亦是如此。張岱年：《中國哲學大綱》，頁616
　　　　～618。
〔註48〕接近歸納之類推，即近代邏輯中所謂泛化類推（Generalized Analogy）。泛化
　　　　類推之公式為，如甲有一群性質，任何一物有此群性質之一部分者，則亦將
　　　　有其餘之各性質。近代邏輯家經研究之結果，多承認類推與歸納有密切關係，
　　　　更認為類推實為歸納之基礎。而與歸納關係最密切者，實則泛化類推。張岱
　　　　年：《中國哲學大綱》，頁618。
〔註49〕張岱年：《中國哲學大綱》，頁621～622。
〔註50〕鐘友聯：《墨家的哲學方法》，頁37。

認識與判斷而進行分辨事物的目的與意義，再者，由於墨子不只強調是「什麼」或說個「什麼」，墨家更強調「為什麼」以及問「為什麼」。

有鑒於此，考察《墨子》文本中，在其中不難發現《墨子》一書十分常見的一種「類推」〔註51〕，而所謂「類推」或稱「類比論證」，而《墨家的哲學方法》認為：

> 類比論證（Analogy）是依據兩事物之間的類似性，而由此一事物推知彼一事物的論證形式，它是由特殊推出特殊，既不是概念的演算，也不是語法的轉換。如果有二件不同的事物，在其間有某些類似的地方，因此我們可以根據這些類似性，而推出或證明其他我們未知的性質。此種論證的方式就是類比論證。〔註52〕

然而關於此處，我們便要先釐清何謂《墨子》中的「類」概念，在〈經上〉篇記載：「同、重、體、合、類。」的觀念。李賢中認為所謂「類」就是若干事物經比較後所呈現的「共同性」這也就是「名」的形成因素之一。〔註53〕，再進一步考察《墨子》文本中，關於「類」的定義，在〈大取〉篇中曰：「辭以類行者也」，〈小取〉亦云：「以類取，以類予」，然而考察關於《墨子》中關於所謂「類推」的論述，在〈小取〉曰：

> 辟也者，舉他物而以明之也。侔也者，比辭而俱行也。援也者，曰子然，我奚獨不可以然也？推也者，以其所不取之，同於其所取者，予之也。

是故〈小取〉篇中典型的四種類推法即：「辟、侔、援、推」，而以上四點分別是甚麼呢？辟是比喻、比方。孫中原認為：辟有兩種功能，一是形象描繪，這相當於修辭學上的比喻；另一是抽象思維，這相當於邏輯上的類比式推論。〔註54〕陳榮灼更進一步認為：

> 「辟」是推理屬於一種「屬性類比推理方式」，即其推論根據是在於「屬性間的相似性」。……，「侔」是不同語言表達的類比推論，其推論方式是在原判斷主詞、謂詞前附加意義相同的成分，以構成新的表達形式。因此，「侔」是一種「關係類比論方式」，其推論根

〔註51〕〈經上〉：「有以同，類同也」；〈經說上〉：「不有同，不類也」，此「類推」即「同類相推」。

〔註52〕鐘友聯：《墨家的哲學方法》，頁70。

〔註53〕李賢中：《墨學——理論與方法》，頁55。

〔註54〕孫中原主編：《墨學與現代文化》，北京：中國廣播電視出版社，1998，頁167。

據是在於「關係間的相似性」。〔註55〕

然而關於另外的「援」與「推」的類推法，李賢中認為：

> 「援」是援引對方所說的話來作類比推論的方法，亦即援引對方所贊同的，來論證對方所不贊同，以證成自己的論點。…「侔」是命題與命題間的相似關係，而「援」則加入了主客雙方，在第一層主客關係上，雙方都不能自相矛盾，主方所說相類餘於客方所說。在第二層的命題關係上，「是」「楚人非人」，就必須「是」「白馬非馬」（其「侔」式為：楚人非人，白馬非馬也，是楚人非人，是白馬非馬也）。…，「推」，也是雙重關係的「關係類比」亦稱歸謬式的類比推理，…就「推」而言，對方所贊同的，卻是我方所反對的；先構作一與其所贊同之論點同類之主張，但此一主張必須為對方所反對，如此構成矛盾以歸謬，反顯我方所反對的論點無誤。由此可見「推」要比「援」更增加了類比的複雜性。〔註56〕

然而綜上所述，誠如上節所述墨家建立認識判斷的準則，是要用來衡量萬事萬物的，墨家思想的展開，就是依賴法儀而來。〔註57〕如《思維‧語言‧行動──現代學術視野中的墨辯》一書所說：

> 事實上，墨辯中所討論的典範性法儀，反而比較接近一種包含歷史、語言與哲學的廣義科學知識觀。……在整體墨學系統中，還是歸屬在如何實踐天志、義利的倫理性理念之下。只不過重視墨辯的墨者，在墨家團體中比較突出的表現不偏重，甚或可以說是放棄批評議論現實的路向，而將重點轉向思維、語言上，如何澄清概念，予以界說，建立理論模型，以解決疑難問題的探索。〔註58〕

在《墨辯》中的判斷思維的發展，其在墨家哲學中所扮演十分重要並且相當特殊的角色，在《墨辯》中的判斷思維中，我們可以發現其中包含著道德評價以及認識的兩種不同形式〔註59〕，正如同孫長祥認為：「透過對墨辯對

〔註55〕陳榮灼：〈作為類比推理的《墨辯》〉，楊儒賓、黃俊傑編：《中國古代思維方式探索》，臺北：中正書局，1996，頁 209。

〔註56〕李賢中：《墨學──理論與方法》，頁 55～57。

〔註57〕鐘友聯：《墨家的哲學方法》，頁 14。

〔註58〕孫長祥：《思維‧語言‧行動──現代學術視野中的墨辯》，臺北：文津出版社，2005，頁 228～229。

〔註59〕筆者按：關於道德評價以及認識的兩種不同形式，在本文中主要論及的是關於「道德評價」之倫理問題進行相關探討，以維持本文研究之核心即：《墨子》

智知與志意慮求活動的分辨，可以發現墨辯已揭示了「道德評價的與認知慎思的」兩類不同判斷形式的差別。」〔註60〕

有鑑於此，墨家進而發展出《墨經》中相關論證法則，如同《思維‧語言‧行動——現代學術視野中的墨辯》所言：

> 若以思考科學典範問題的觀點，再檢視墨學與墨辯的內容，可以發現墨學這個團體是依「天志」這個形上理念為根本信仰；由說書、從事、談辯的具體實踐活動中，逐步反省到有關人認識世界的方式、探討過程、建立真理標準等種種知識的問題；以至於建構一套理想化普遍語法系統，正確的呈現思想推理的程序等等。關於建構一個典範所必備的，包含形上學，認識論與邏輯的知識，都能在《墨子》中找到相關的資料。〔註61〕

另外，我們可以在《墨子》文本中發現其另一個基本判斷標準，墨家哲學在關於判斷情境、估量取捨時，會使用一種特殊的判斷標準，即：「權」。

〈大取〉篇云：

> 於所體之中，而權輕重之謂權。權，非為是也，非非為非也。權，正也。斷指以存腕，利之中取大，害之中取小也。害之中取小也，非取害也，取利也。其所取者，人之所執也。遇盜人，而斷指以免身，利也；其遇盜人害也。斷指與斷腕，利於天下相若，無擇也；死生利若，一無擇也。殺一人以存天下，非殺一人以利天下也。殺己以存天下，是殺己以利天下。

而所謂墨家思想進行判斷中的「權」又是為何呢？若當兩利（害）相權之際又該如何取捨呢？李賢中認為「權」有以下之特性：〔註62〕

（一）對於未來事態發展的可能性加以認知把握

（情境中至少會有兩種可能的情況，一實現，一不實現。）。

（二）對於未來事態發展的可能性予以評估。

（所謂「欲正」，就是利的方向衡量；「惡正」，則是就害的方面衡量。）。

　　道德哲學之研究，而並於大部分不涉及關乎於其「知識論」（Epistemology）
　　之討論，特此說明之。

〔註60〕孫長祥：《思維‧語言‧行動——現代學術視野中的墨辯》，頁151。
〔註61〕孫長祥：《思維‧語言‧行動——現代學術視野中的墨辯》，頁229。
〔註62〕李賢中：〈道德實踐中的權衡問題〉，《哲學與文化月刊》第三十二卷第八期，2005，8月。頁21。

（三）比較評估之後的利害關係。

（就整體觀察，能比較出各部分對整體利害關係的影響如何。）。

（四）依「利之中取大，害之中取小」的原則做出取捨。

（而取利或取害在抉擇者的內心情況是不同的。所謂「害之中取小，乃不得已；利之中取大，乃非不得已」。）。

其又言：

> 〈墨辯〉對於思維情境中的事態處理，乃以「義」為原則。因此在需要抉擇的情境中，墨家強調抉擇在於權衡輕重，權衡在於趨利避害，……除此之外，〈大取〉還指出，情境中的事態可以歸類，再與更重要的事態相比較，……所謂「斷指與斷腕，利於天下相若，無擇也。死生若一，無擇也。」在一般情況下，權衡會有相對的輕重之分，但相對於真正利天下的事，則不能貪生怕死的逃避。「權」的作用是在一種周全的思慮之下做成的抉擇，是在行事作為過程的思慮，所以〈大取〉：「於事為之中，而權輕重之謂求。」求其最為合宜之舉措。〔註63〕

筆者十分同意上述之說法，這也就是說於〈大取〉所謂：「事為之中而權輕重之謂求，求為之，非也，害之中取小，求為義非為義也。」之意。

由於「『權衡輕重』這件事並不是像探討是非問題一般，有它客觀不變的標準，『權衡輕重』是一種於動態變化中，正確合宜的調整，事態發展的過程中利害皆有的情況下，同時考量雙方的可能消長，而作出恰當的抉擇以因擇之。」〔註64〕，然而考察《墨子》之〈經上〉篇，其指出：「正，欲正，權利；惡正，權害」，另〈經說上〉曰：「權者，兩而勿偏」，故我們可以理解所謂《墨子》中所謂的「權」彷彿並非涉及關於一般知識上的是非之判斷，而是針對人在實際情境中的合宜、合適的抉擇，並且對於此實際情境中的不同事態進行衡量其利害關係。

關於上述文中，我們可以理解墨家依照「天志」做為其價值根源，進而落實於現實活動中，透過反省、認識、探討以及「立儀」的建立標準過程中，以至於試圖建構《墨經》中其「辯」之系統化以及普遍化，而在本節大抵上已說明其《墨經》中「辯」之作用以及方式，並說明其「或、假、效、辟、侔、

〔註63〕李賢中：〈道德實踐中的權衡問題〉，頁21～22。
〔註64〕李賢中：〈道德實踐中的權衡問題〉，頁20。

援、推」這七種立辭方式，亦列舉出其典型的四種類推法即：「辟、侔、援、推」之概念，並於前節所論及之「三表法」，這兩種不同形式的判斷標準。

「三表」中包含著以天為法儀之本，而察於現實經驗，再與實際能利及天下之用，而與《墨經》中的「類推法」有著明顯的不同。另外，以及在不同事態中又該如何判斷抉擇的「權」概念，但此諸判斷標準同為《墨子》思想中關於所謂判斷之標準之一，由於關於《墨經》與「三表」的判斷思維必然會論及其判斷標準與其關涉倫理之相關問題，關於此處將由第三節以進行相關論述之。

第三節 《墨子》中關於判斷標準之問題釐清

關於《墨子》書中判斷標準的釐清過程，首先若我們從現行社會中普遍認定的邏輯規則，即：「思想三律」〔註65〕來看，觀察其中是否有不符合或有疑慮的部分？

〈墨辯〉中記載著關於傳統邏輯的思想律，雖然並沒有直接將其稱為「思想三律」，即：「同一律」、「矛盾律」以及「排中律」，然而考察文本可以發現，〈經下〉曰：「或不非牛而『非牛也』」，又〈經說下〉說明：「或不非牛而『非牛也』可，則或非牛或牛而『牛也』可。故曰：『牛馬非牛也』未可，『牛馬牛也』未可。」，則或可或不可，而曰：「牛馬牛也，未可」亦不可。且牛不二，馬不二，而牛馬二。則牛不非牛，馬不非馬，而牛馬非牛非馬，無難。」，此即「牛即是牛」、「馬即是馬」的「同一律」關係。

若以《墨子》文本中簡易釐清以上所述之三律相關之表述，我們能分別以〈經下〉云：「謂而固是也，說在因。」，此句理解墨家關於稱謂是有其固定的指稱之意，誠如〈經說下〉：「有之實也，而後謂之；無之實也，無謂也。不若假。舉『美』謂是，則是固『美』也，謂也，則是『非美』。無謂，則假也。」，在《墨經》中最為清晰明顯的說明「同一律」的原文中，應該是〈經說下〉：

正名者彼此彼此可。彼彼止於彼，此此止於此，彼此不可。彼且此

〔註65〕蔡仁厚將此三律分別說明認為「同一律」是說：任何一項（A 或非 A）皆自身相函，其意義一經確定，則它便是它自己而不是其它；「矛盾律」是說：A 不能既是 A 而又非 A。如有 A 而非 A 的之現象，便是自相矛盾；「排中律」是說：不是 A，便是非 A；不是非 A，就是 A；並沒有第三者，故曰排中。蔡仁厚：《墨家哲學》，頁 150～151。

也，彼此亦可。彼此止於彼此，若是而彼此也，則彼亦且此此也。

其關鍵在於「彼止於彼」、「此止於此」以及「彼此止於彼此」。誠如《墨翟與《墨子》》說：「同一律的規定是，在同一思維過程中，每一個思想（概念或命題）與自身同一，保持一貫性、一致性、確定性。」〔註66〕。

而關於「矛盾律」與「排中律」論述，我們亦可以在《墨子》書中發現與釐清，如〈經上〉有云：「彼，不可兩不可也。」，〈經說上〉：「彼：凡牛、樞非牛，兩也。無以非也。」以及〈經說上〉：「辯：或謂之牛，或謂之非牛，是爭彼也。是不俱當。不俱當，必或不當，不若當犬。」，此即表意「牛」與「非牛」不可同時為真，亦即此所謂「不可兩不可也」，「兩可」則表矛盾之意，此謂「矛盾律」之表述。

再者，《墨經》中對於「矛盾律」的看法是從〈經上〉：「辯，爭彼也。」與〈經說上〉：「或謂之牛，謂之非牛，是爭彼也。是不俱當。不俱當，必或不當」，矛盾律的意思是對一命題不能既是肯定又是否定，而《墨翟與《墨子》》認為：

> 墨家所表述的矛盾律，同亞里斯多德是一致的。亞氏認為，矛盾律是「一切原理中最確實的原理」，「一切原理中最無可爭議的原理」，是「不證自明」的「真理」。他把矛盾律表述為：「對立的陳述不能同時為真」或「相反論斷不能同時為真。〔註67〕

《墨翟與《墨子》》一書中進一步表示：

> 《墨經》概括的矛盾命題真價值規律「不俱當」，就是亞里斯多德說的「不能同時為真」。……《墨經》通過實例分析，把矛盾律理解為兩個矛盾命題、判斷或語句的關係。墨家對矛盾律的概括，是思維論辯的規律，不是事物的規律，本體論、存在論的規律。這是墨家矛盾律表述的特點。〔註68〕

最後〈經說下〉：「或不非牛而『非牛也』可，則或非牛或牛而『牛也』

〔註66〕孫中原、吳進安、李賢中：《墨翟與《墨子》》，頁173。

〔註67〕同上註。

〔註68〕其文中表示：「亞氏除了有時理解為兩個『對立的敘述』或『相反論斷』的關係，確認為思維、認識、表達的規律之外，在更多場合，主要是把矛盾律理解為事物的規律，本體論、存在論的規律，導致把邏輯的具體科學規律與哲學世界觀的普遍規律混為一談。」。孫中原、吳進安、李賢中：《墨翟與《墨子》》，2012，頁177。

可。故曰：『牛馬非牛也』未可，『牛馬牛也』未可。」則或可或不可，而曰：
「牛馬牛也，未可」亦不可。且牛不二，馬不二，而牛馬二。則牛不非牛，馬
不非馬，而牛馬非牛非馬，無難。」，〈經說上〉：「必：謂臺執者也。若弟兄一
然者一不然者，必「不必」也，是非必也。」。由以上《墨子》文本中便直接
說明了「排中律」的關係。於此，《墨翟與《墨子》》亦更進一步表示：

> 關於《墨子》中「排中律」的表述內容以〈經下〉：「謂辯無勝，必
> 不當。說在辯。」與〈經說下〉：「所謂非同也，則異也。同則或謂
> 之狗，其或謂之犬也；異則或謂之牛，牛或謂之馬也。俱無勝。」
> 是不辯也。辯也者，或謂之是，或謂之非，當者勝也。」由上文可
> 知「或謂之是，或謂之非」即為「排中」，此即為：「排中律的規定，
> 即內容，是『矛盾命題不能同假，必有一真』……同一律、矛盾律
> 和排中律三者是一致的，是同一件事情的不同方面，是對同一事件
> 從不同角度看。在『牛』與『非牛』這對矛盾命題中，同一律是說，
> 牛就是牛；矛盾律是說，牛是牛，就不可能又是『非牛』，不能兩個
> 都肯定；排中律是說，或者是牛，或者不是牛，只有這兩種可能性，
> 不能兩個都否定，必須斷定一個。」。〔註69〕

另外〈小取〉亦云：「夫物或乃是而然，或是而不然，或一周而一不周，
或一是而一非也」，試言之以「是非」、「然與不然」以及「必與不必」之簡易
關係，便能發現在《墨子》書中關於「思想三律」的看法，並且大抵上是二者
相符的。

而在釐清《墨子》中做為判斷之思想是與當今社會所認同的「思想三律」
相符後，我們就必須重新回到《墨子》思想之中，尋找究竟何者為其判斷的
規則呢？孫長祥認為：

> 規則也就是所謂的《墨子》中所謂的法（法儀），誠如《墨子》所云：
> 「天下從事者，不可以無法儀」以及探求其根源時所言之：「莫若法
> 天」，「法儀」的成立便是墨學中建立知與行二種選擇的標準。墨學
> 中作為行為選擇的「法儀」主要是「天志」；而在墨辯中則從「知」
> 的角度，對「法儀」這個具有典範意義的概念內涵深入的辨析與說
> 明。〔註70〕

〔註69〕孫中原、吳進安、李賢中：《墨翟與《墨子》》，頁181～185。
〔註70〕孫長祥：《思維‧語言‧行動——現代學術視野中的墨辯》，頁215。

關於上述所言，誠如鐘友聯在其《墨家的哲學方法》一書中提及：

> 墨家哲學總是與現象世界相關，而不探求本體的世界，當然，這也
> 是由於墨家所採取的哲學方法使然。⋯由於所採取哲學方法的不同，
> 所造成的哲學型態也可能不通，因此，我們對哲學家所採取哲學方
> 法的掌握，有助於對其哲學思想的把握和了解。⋯墨家思想講求方
> 法，注重工具，工具的使用與選擇，將影響到事情的成敗。⋯墨家
> 所謂的法儀，就是建立標準的意思，就是要建立法儀，做為衡量萬
> 事萬物的判準。如果我們要對事事物物進行是非善惡的判斷時，那
> 麼我們就必須先有一套標準，作為判斷的準則。所謂法儀，就是判
> 斷是非善惡的準則。⋯墨家是主張兼相愛交相利的，那麼兼相愛交
> 相利的思想，是以何為依據呢？那就是墨家所謂的天志了。〔註71〕

〈天志上〉曰：

> 子墨子言曰：「我有天志，譬若輪人之有規，匠人之有矩，輪匠執其
> 規矩，以度天下之方圜，曰：『中者是也，不中者非也。』今天下之
> 士君子之書，不可勝載，言語不可盡計，上說諸侯，下說列士，其
> 於仁義則大相遠也。何以知之？曰我得天下之明法以度之。」

而從天志來的道德原則就是：「興天下之利」，我們所做的事，只要是能
興天下之利，就是正確的。〔註72〕關於此處，筆者亦考察《墨子》一書關於
「興天下之利（除天下之害）」一說進行考察《墨子》文本並簡易示之，然《墨
子》一書於〈尚同中〉、〈兼愛中〉、〈兼愛下〉、〈非攻下〉、〈節葬下〉、〈天志
中〉、〈明鬼下〉、〈非樂上〉、〈非命下〉、〈非儒下〉等十篇論及「興天下之利」，
試言之，若「興天下之利」是《墨子》的道德原則之一，而此道德原則來源則
是「天志」，我們的行為準則與標準就是要依照「天志」而為。然而依「天志」
來進行行為，能符合「興天下之利」的原則，這也就是我們的標準。

呈上文，《墨子》是以「天志」作為事物之標準與規則，是故在《墨子》
書中〈天志中〉篇云：

> 是故子墨子之有天之，辟人無以異乎輪人之有規，匠人之有矩也。
> 今夫輪人操其規，將以量度天下之圜與不圜也，曰：中吾規者謂之
> 圜，不中吾規者謂之不圜。是以圜與不圜，皆可得而知也。此其故

〔註71〕鐘友聯：《墨家的哲學方法》，頁8～10。
〔註72〕孫中原、吳進安、李賢中：《墨翟與《墨子》》，頁360。

何？則圜法明也。匠人亦操其矩，將以量度天下之方與不方也。
曰：中吾矩者謂之方，不中吾矩者謂之不方。是以方與不方，皆可
得而知之。此其故何？則方法明也。故子墨子之有天之意也，上將
以度天下之王公大人之為刑政也，下將以量天下之萬民為文學出
言談也。觀其行，順天之意，謂之善意行，反天之意，謂之不善意
行；觀其言談，順天之意，謂之善言談，反天之意，謂之不善言談；
觀其刑政，順天之意，謂之善刑政，反天之意，謂之不善刑政。故
置此以為法，立此以為儀，將以量度天下之王公大人卿大夫之仁與
不仁，譬之猶分黑白也。是故子墨子曰：「今天下之王公大人士君
子，中實將欲遵道利民，本察仁義之本，天之意不可不順也。順天
之意者，義之法也。」

　　換句話說，在「墨家哲學」之中，「天志」是作為行為的標準與規則，誠
如〈天志上〉篇所云：

子墨子言曰：「我有天志，譬若輪人之有規，匠人之有矩，輪匠執其
規矩，以度天下之方圜，曰：『中者是也，不中者非也。』今天下之
士君子之書，不可勝載，言語不可盡計，上說諸侯，下說列士，其
於仁義則大相遠也。何以知之？曰我得天下之明法以度之。」

〈天志上〉篇又曰：

天下有義則生，無義則死；有義則富，無義則貧；有義則治，無義
則亂。然則天欲其生而惡其死，欲其富而惡其貧，欲其治而惡其亂，
此我所以知天欲義而惡不義也。

　　天或天志為《墨子》思想中最高之法則，一切事物之是非善惡，均以天
志論斷。〔註73〕，然而與此便會涉及到〈天志〉中的原則又是什麼呢？考察
《墨子》書，首先我們可以發現〈貴義〉篇曰：

子墨子曰：「萬事莫貴於義。今謂人曰：『予子冠履，而斷子之手
足，子為之乎？』必不為，何故？則冠履不若手足之貴也。又曰：
『予子天下而殺子之身，子為之乎？』必不為，何故？則天下不
若身之貴也。爭一言以相殺，是貴義於其身也。故曰，萬事莫貴
於義也。」

　　而〈天志中〉亦云：

〔註73〕孫廣德：《墨子政治思想之研究》，頁196。

子墨子言曰：「今天下之君子之欲為仁義者，則不可不察義之所從出。既曰不可以不察義之所從出，然則義何從出？」子墨子曰：「義不從愚且賤者出，必自貴且知者出。何以知義之不從愚且賤者出，而必自貴且知者出也？曰：義者，善政也。何以知義之為善政也？曰：天下有義則治，無義則亂，是以知義之為善政也。夫愚且賤者，不得為政乎貴且知者，然後得為政乎愚且賤者，此吾所以知義之不從愚且賤者出，而必自貴且知者出也。然則孰為貴？孰為知？曰：天為貴，天為知而已矣。然則義果自天出矣。」

是故，我們能從《墨子》中所說的：「萬事莫貴於義」以及〈天志〉所云：「義果自天出」這兩句關鍵點發現，「義」在萬事萬物之中與「天志」的觀念中，扮演者最為重要的以及關鍵性原則，誠如《墨翟與《墨子》》一書所云：

在〈天志篇〉與〈法儀篇〉都曾到提到：「天欲義，惡不義」，也就是「天」要人以「義」為價值原則。因此以「天志」作為行為的原則而謀求天下之利，以此對照，墨家哲學似乎與規則的效益主義頗為接近。但是，如果進一步考察天所欲之「義」的內涵，則可發現墨家並非全然以結果論對錯。《經上》對「義」的解釋：「義者，利也」…《墨辯》對於思維情境中的事態處理，乃以「義」為原則。
〔註74〕

而關於「義者，利也」之「利」的看法，對應在在一般事件發生的狀況時，《墨經研究》一書中認為：墨家主張源於直觀的判斷本能，如〈墨經上〉稱「利，所得而喜也。」〔註75〕。但是，這個一般狀況對應在每一個人的身上，又如何能成為真正的標準呢？張岱年認為：

墨子講真知表準，不說只是一個，而說有三；不說與外物之實相符，而說原察百姓耳目之實；不說一人行之有效，而說觀其中國家百姓人民之利：這幾點實在是精卓至極，深可贊嘆的。如說與外物之實

〔註74〕孫中原、吳進安、李賢中：《墨翟與《墨子》》，頁361。
〔註75〕〈經上〉：利，所得而喜也。；〈經說上〉：利：得是而喜，則是利也。其害也，非是也。另，王讚源釋其意為：「利就是得到以後感覺喜悅的東西（或事情）。得到它感覺喜悅，就是利。那害，就不是這樣了。」王讚源主編：《墨經正讀》，上海，上海科學技術文獻出版社，2011年，頁24。而楊俊光則認為：「此語訴諸感覺，與倫理學中所謂的『快樂論』頗有近似之處。」。楊俊光：《墨經研究》，南京：南京大學出版社，2002，頁214。

相符，便有語病，因為究竟與外物之實相符與否，實需要別的表準來決定。如說一人行之有效，有利於個人的生活者為真，則將不免於一人一是非，而真知便成為主觀的。〔註76〕

另外，《莊子·天下篇》中稱：墨子「好學而博」〔註77〕，而且透過上述說法，我們可以發現墨子並不是僅僅只以直觀的方式，其更注重實驗或將知識作實際應用，以求獲得真知。墨子說：

> 今瞽曰：「鉅者白也，黔者黑也。」雖明目者無以易之。兼白黑，使瞽取焉，不能知也。故我曰瞽不知白黑者，非以其名也，以其取也。今天下之君子之名仁也，雖禹湯無以易之。兼仁與不仁，而使天下之君子取焉，不能知也。故我曰天下之君子不知仁者，非以其名也，亦以其取也。（〈貴義〉）

因為，如果我們只知其名，或只知其概念，這都並非是《墨子》所謂的具有真的知識，因為我們更必須要能將其中的概念，實際的應用於真實的情況，這才是有真的知識。墨子這種十分注重實際應用的思想，我們也可以在《墨辯》中發現。如〈經下〉云：「知其所以、不知，說在以名、取。」；〈經說下〉中云：智：雜所智與所不智而問之，則必曰：「是所智也，是所不智也。」取、去俱能之，是兩智之也，而能「以名取」才是有真知。

在《墨子》中可以發現，其思想是十分重視實踐，無論在言說、辯說與實踐行動之取捨判斷，都是要興天下之利為目標，如《貴義》篇曰：

> 凡言凡動，利於天鬼百姓者為之；凡言凡動，害於天鬼百姓者舍之；凡言凡動，合於三代聖王堯舜禹湯文武者為之；凡言凡動，合於三代暴王桀紂幽厲者舍之。

又曰：

> 言足以遷行者，常之；不足以遷行者，勿常。不足以遷行而常之，是蕩口也。

《墨子哲學》一書中所述：「子墨子聞之曰：『葉公子高未得其問也。仲尼亦未得其所以對也。葉公子高豈不知善為政者之遠者近之而舊者新之哉？問所以為之若之何也。……』，這就是儒墨的大區別，孔子所說的是一種理想的目的。墨子所要的是一個「所以為之若之何」的進行方法。孔子說的是一

〔註76〕張岱年：《中國哲學大綱》，頁566。
〔註77〕郭象注，陸德明釋文，成玄英疏、郭慶藩集釋：《莊子集釋》，頁464。

個『什麼』，墨子說的是一個『怎樣』。」〔註78〕而在其文中又另舉「公孟篇」中「子墨子問於儒者」一文，說明儒者說的還是一個「什麼」。墨子說的一個「為什麼」為儒墨學說中的兩種極大的區別。換言之，墨子的方法從問一個「為什麼」，到知道了「為什麼」，進一步方可以知道「怎麼做」以及「如何進行」的進程，正如上文引述〈貴義〉〔註79〕篇中所述。

再者，根據〈非攻上〉〔註80〕篇的論述，更能說明「明辨」義與不義是何其重要的，關鍵點亦在於「準則」與「明辨」。換句話說，所以墨子以為單是動聽的名詞、語言或是虛無縹緲的口號、定義，都不能成為真正的知識，真正的知識是在於能把這些觀念應用在現實的實際狀況，筆者以為這也是墨家哲學方法的基本立場。另外，武敬一認為：

> 道德的善惡判斷在於它是否帶來利益，是否具有「仁之實」，因為「仁人之事者，必務求星天下之利，除天下之害」（〈兼愛下〉）。……根據利益貢獻情況，決定分配是可靠的原則。「以德就列，以官服事，以勞殿賞，量功而分祿。」（尚賢上）……利益是人們喜歡的，損害是人們所厭惡的。它根源於人們的需要。脫離實際利益的道德

〔註78〕孫詒讓等著：《墨子哲學》，頁134。

〔註79〕〈貴義〉：「今瞽曰：『鉅者白也，黔者黑也。』雖明目者無以易之。兼白黑，使瞽取焉，不能知也。故我曰瞽不知白黑者，非以其名也，以其取也。今天下之君子之名仁也，雖禹湯無以易之。兼仁與不仁，而使天下之君子取焉，不能知也。故我曰天下之君子不知仁者，非以其名也，亦以其取也。」。

〔註80〕〈非攻上〉說：今有一人，入人園圃，竊其桃李，眾聞則非之，上為政者得則罰之。此何也？以虧人自利也。至攘人犬豕雞豚者，其不義又甚入人園圃竊桃李。是何故也？以虧人愈多，其不仁茲甚，罪益厚。至入人欄廄，取人馬牛者，其不仁義又甚攘人犬豕雞豚。此何故也？以其虧人愈多。苟虧人愈多，其不仁茲甚，罪益厚。至殺不辜人也，扡其衣裘，取戈劍者，其不義又甚入人欄廄取人馬牛。此何故也？以其虧人愈多。苟虧人愈多，其不仁茲甚矣，罪益厚。當此，天下之君子皆知而非之，謂之不義。今至大為攻國，則弗知非，從而譽之，謂之義。此可謂知義與不義之別乎？殺一人謂之不義，必有一死罪矣，若以此說往，殺十人十重不義，必有十死罪矣；殺百人百重不義，必有百死罪矣。當此，天下之君子皆知而非之，謂之不義。今至大為不義攻國，則弗知1非，從而譽之，謂之義，情不知其不義也，故書其言以遺後世。若知其不義也，夫奚說書其不義以遺後世哉？今有人於此，少見黑曰黑，多見黑曰白，則以此人不知白黑之辯矣；少嘗苦曰苦，多嘗苦曰甘，則必以此人為不知甘苦之辯矣。今小為非，則知而非之。大為非攻國，則不知非，從而譽之，謂之義。此可謂知義與不義之辯乎？是以知天下之君子也，辯義與不義之亂也。

是不存在的。…利害的權衡、利弊的多少，需要掌握比較、取捨的方法。……墨子對道德的確定是從利益上來說明的，反對脫離利益、空洞的道德。〔註81〕

而孫廣德認為：「因墨子談兼愛、非攻、尚賢、尚同、節用、節葬、天志、明鬼、非命等問題時，均係以利與不利判其是非也。」〔註82〕，試言之，關於過往歷史經驗中，能中國家百姓人民之利的言行，便是應該效法的、實踐的，反之則是應該避免的、捨棄的。此外，關於言論方面，若能提高、改善，造成好的影響、利及天下就是對的，反之則是不對的。再者，如前所述之「法儀」即是標準。〈法儀〉：「天下從事者，不可以無法儀。無法儀，而其事能成者無有也。」。陳弘學認為：

> 墨子立「本之、原之、用之」為三表，或求於歷史事件，或求於百姓感受，或求於現實效益，這些都是具體、可感、經驗式的量準，從今天的眼光來看實缺乏的必然性與有效性，卻生動表現墨子追求實效的性格。〔註83〕

綜上所述，除了本章節中論述較符合「邏輯形式」的判斷方法，其墨子哲學說中，作為判斷行為之標準，其主要之核心標準即：作為「法儀」之「天志」。而「法儀」的成立便是墨學中建立知與行二種選擇的標準。墨學中作為行為選擇的「法儀」主要是「天志」；而在《墨辯》中則從「知」的角度，對「法儀」這個具有典範意義的概念內涵深入的辨析與說明之外，孫長祥認為：

〔註81〕武敬一：〈論墨家功利主義〉，《南都學壇》（人文社會科學學報），第27卷，第3期，2007，頁113。

〔註82〕孫廣德：《墨子政治思想之研究》，頁187。

〔註83〕陳弘學：〈效益作為行動之準據——關於墨家功利思想的重釋〉，《清華學報》新45卷，第2期，2015，6月，頁210。其言：墨家三表法著重歷史經驗與感官判斷，固然表現墨家實證精神，但以今日眼光視之，則頗多問題。本之者強調事實之證成須上本古者聖王之事。但聖王之事僅是歷史諸多面向的一種表現，不一定能成為普遍原則，聖王所未言者，也不能反證結果為非或不存在（例如聖人並未禁止吸菸或使用電腦），乃至其中還包括了複雜的歷史詮釋問題。原之者，乃原察百姓耳目之實，同樣訴諸社會經驗，無法處理絕對、超驗性之問題。且如果事實與價值判斷都須訴諸百姓眾人，我們又當如何防止民粹主義的氾濫？用之者則是墨家功利思想的具體表現，然而有用的理論不一定是真實的理論，例如以歐幾里得平面幾何學計算土地面積，其結果有用，但卻不符合事實。地球本是球體，歐幾里得平面幾何所以有用，在於計算之誤差小到我們可以忽略罷了，非平面幾何符合真實世界。

「天志」這個理念雖只是基於治法所需而提出，最為墨學團體總體行動的倫理性理念，但在理論抽象的思維下，卻可能抽繹出有關典範性法儀的重要意涵：意謂成為一個「法儀」的必要條件是，具有明確可知可行的普遍性、恆常性、有效性，而非私意主觀的忖度。從墨子一再以度量衡類比於「法儀」可知，「法儀」作為度量衡的另層意義是，必須超越於衡量的對象，脫離個人主觀色彩，具有獨立、優先的特性。……由此可知「天志」這個法儀，在墨子的應用中涵括了可以衡量理念與形諸語言、文字、行事的正不正、義不義及中不中的標準尺度。〔註84〕

此外，《思維‧語言‧行動——現代學術視野中的墨辯》一書中更表示：

若以思考科學典範問題的觀點，再檢視墨學與墨辯的內容，可以發現墨學這個團體是依「天志」這個形上理念為根本信仰；由說書、從事、談辯的具體實踐活動中，逐步反省到有關人認識世界的方式、探究過程、建立真理標準等種種知識的問題；以至於建構一套理想化普遍語法系統，正確的呈現思維推理的程序等等。〔註85〕

誠如上兩節之「三表」與《墨經》思維，我們可以發現其目的在於「立儀」，「立儀」後而確立「標準」，確立「標準」後便確立「判斷」，有「判斷」後方能如何明辨確認何者為符合「天志」為「法儀」之「為義」之事，或成為「天志」之中所謂的不符合「法儀」之「不義」之事。

然《墨子》書中所謂「興天下之利，除天下之害」之判斷標準，包含著代表「法儀」的「天志」、代表以「天志」為「法儀」的「義」、代表著以「天」為「行義」的規則、代表著「天」的「兼愛」天下的行為，代表著「天下大利」的目的，如面對「七患」時之「十論」該當何為，如「三表」之為其判斷的準則，而有「本之者、原之者、用之者」三者，再有以〈非命〉之曰：「上本之於古者聖王之事。於何原之？下原察百姓耳目之實。於何用之？廢以為刑政，觀其中國家百姓人民之利。此所謂言有三表也。」之論。

由於三表之進路為「尊重經驗」進行推論，「考察現實」狀態而「參古觀

〔註84〕孫長祥：《思維‧語言‧行動——現代學術視野中的墨辯》，頁217。其表示：「也就在「天志」行廣無私的總體普遍理念下，墨子才具體提出「兼愛」作為倫理的原則；而天志與倫理便成為墨學行動法儀的形上理念。」

〔註85〕孫長祥：《思維‧語言‧行動——現代學術視野中的墨辯》，頁229。

今」，最後進行應用以證明為「用」，必亦得應用得其「利」，方為有存在價值之結論。

關於上述，「本之者」（經驗）影響著《墨子》道德哲學的判斷是顯而易見的（過去），然而「原之者」涉及現實情境的狀態，有著即時性的反應以及現實情境衍伸的動態情境（現在）；「用之者」關乎在情境之中延伸後的結果，此結果能否為「用」而能否得「利」或陷入「不利」（未來），均作為《墨子》道德哲學的判斷標準之一，即「三表法」以其作為《墨子》道德哲學的重要一環的表現，亦表示著以其作為判準之一，將對《墨子》道德哲學的思維在時間軸上、情境的涉入以及結果上，具有著「判斷理論系統化」的重要影響，而後有以「說」而涉及「辯」與「辯說」以及進入實際情況之「權」觀念之《墨經》思維，實為墨家思想之特點之一。

據此，綜上所論之《墨子》哲學中判斷標準有：是否符合「法儀」根源之「天志」、是否符合「天志」的「義」之原則、是否符合「三表法」的互為援引中以經驗開展之推論、是否符合《墨經》中的相關定義、其類推系統以及「權」的取捨判斷等許多判斷標準，而其中所述的「權」概念更是具有十分的特殊性，孫長祥則認為：

> 墨子墨辯基於智意之辨才發展出「陳執行權」的特殊看法：「權」無關是非，而是「正」欲惡利害的活動，了解這點才可以理解墨辯依規範法儀從事評價的心理活動過程與特殊之處，透過對墨辯對智知與志意慮求活動的分辨，可以發現墨辯已揭示了「道德評價的與認知慎思的」兩類不同判斷形式的差別。〔註86〕

但是，關於「權」的相關討論，將關涉到《墨子》中之概念如何實踐的判斷問題，也是墨家倫理思想的核心所在，將於後章節進行探討，是故於此暫且不表。然而，探討墨子思想之概念問題是首要任務，這些概念均為墨家哲學的理論基礎，唯有釐清《墨子》中「天」、「義」、「兼愛」以及「利」之

〔註86〕另，孫長祥針對此處以及「陳執行權」之說明，筆者節錄如下：在墨辯中特別區分了「智與意」的不同，認為「智」的活動在重於認知事物是什麼，而判定其真偽的知識性意義。而「意」的活動則在隨智而動的同時，已然屬入人內在主觀、非理性的慮求、欲求內容；當在「所體、事為」的情境中，因心理的欲惡趨捨去從事評價與估量活動時，人會依照一己「陳執」的價值理念，衡量對己的利害，作出最適宜可用的行動選擇。這一部份的討論，關涉到墨子行動規範概念如何實踐的合法性問題，也是墨家倫理思想的核心所在。孫長祥：《思維‧語言‧行動──現代學術視野中的墨辯》，頁151。

概念，方能更清晰的理解墨家思想及其系統，關於上述核心概念，將於第三章進行說明之。

第三章 《墨子》道德哲學的
理論架構之重詮

　　筆者以為在進行《墨子》哲學之思想核心概念探討時，必須了解其當時之歷史背景，以及墨子的精神及作法，首先以「層面整體動態觀」（動態史觀）、「思想單位」（其中關涉「情境」）以及掌握其「基源問題（核心問題）」，並以「創造的詮釋學」的五個進路之研究方法進行理解並企圖發展其「創謂」層次（如第一章所述之：試圖以「形成自我轉化，從批判的繼承者」轉化為「創造的發展者」。），而在墨子時代與其面臨的時代問題，胡適認為：

> 墨子生在春秋時代之後，眼看諸國相征伐不能統一。那王朝的周天子，是沒有統一天下的希望的了，那時「齊晉楚越四分中國」，墨子是主張非攻的人，更不願四國之中那一國用兵力統一中國，所以他想要用『天』來統一天下。〔註1〕

湯智君亦認為：

> 墨子的時代，已由神權進入君權。當時士人對天道鬼神的信仰漸趨淡薄，造成社會道德的普遍低落，然而神權觀念仍深植人心，墨子乃思利用天志之說，來統一天下意見；再者，借用天地鬼神的制裁力量，作為改造社會的後盾」〔註2〕

吳進安則認為：「墨家的政治哲學強調德治主義，亦即是透過人來完成建

〔註1〕胡適：《中國古代哲學史》，北京：中國華僑出版社，2013，頁139。

〔註2〕湯智君：《墨子、韓非子研究論集》，臺北：文津出版社，2013，頁43～44。

立政治的美善目的，人民的福祉獲得保障。」〔註3〕，周富美更進一步說明：

> 墨子雖然教人順天之意，為天之所欲，教人尊天事鬼。但是墨家從
> 未成一宗教團體，更未離開政治而談宗教，顯見墨子的社會意識重
> 於宗教意識。」〔註4〕

關於以上所述，我們能理解關於墨子思想的出發點根本是在於「人」，然而才進而提出「天」，而提出「天」的目的也是回到「人」本身，其關心的論題乃是「人的問題」，而非「宗教問題」，而且道德思想正是反映時代的普遍性精神，是故《墨子》哲學中的「天志」觀念亦是配合著倫理、政治等諸觀念的。

然而，研究中國哲學的核心概念，往往是針對一個「字」或一個「詞」，而對「字」、「詞」本身的理解是十分重要的，誠如歐崇敬所述：

> 商周時代的科學認知裡，一個十分重要的因素是「中國文字」的共
> 同思考，即使是屬於不同地區的民族文化的特色亦能在中國文字中
> 表現出其「共同性」。此「共同性」正完成了中國哲學創造轉化的基
> 礎。在其中「詞的發生過程」是極為重要的，例如：天、帝、道、
> 德、命、神、福、禍、上、下、剛、柔、陰、陽、仁、義、禮、智、
> 常、反、明等等的出現時間都代表著「民族的認知過程」，而從單獨
> 一字為一詞到二字為一詞的過程裡就不只是語言的發展，而是認知
> 和視野的擴大了。〔註5〕

所以筆者以為，我們必須把握墨家思想的核心概念以前，必須要先把握這些核心概念本身文字、字詞上的意義，進而去理解這些思想概念本身的意義，也透過文字的理解，盡可能的去還原墨家當時的思想理論，再進一步將其理論以「字」、「詞」著手，再逐漸呈現其理論基礎的概念與發展過程，方能較為準確的掌握墨家思想中的核心概念為何？

據此，於下述五節，將分別針對「天」、「義」、「兼愛」以及「利」進行探討，最後將《墨子》中這些極為重要的概念進行序列之重新詮釋。但是，為什麼是針對此四點概念進行探究呢？一般而言，於現階段研究墨學的學者們，

〔註3〕吳進安：〈墨子政治哲學的政道與治術〉，《哲學與文化》，第26卷，第11期，頁1016。

〔註4〕周富美：《救世的苦行者——墨子》，頁268。

〔註5〕歐崇敬，《中國哲學史·先秦卷：與世界哲學對話及重估一切價值的創造轉化》，臺北：紅葉文化，2001，頁45。

關於墨子學說的核心究竟為何？針對此一論題具有成果豐富的理解與文獻，誠如崔清田在《顯學重光》一書第二章中，將現代研究墨子學說的體系與核心，分為三大中心說，分別為「『天、鬼』中心說」、「『兼愛』中心說」以及「『義』為中心說」〔註6〕為主，而「利」概念更在其中扮演著「墨家哲學」系統化過程裡不可或缺的角色，是故由此進而提出幾種不同的看法，本章節將針對這四大概念為論，以進行探索與理解。

第一節　《墨子》道德哲學的「天」概念

　　關於「天」這一字，段玉裁之《說文解字》中對「天」字乃是「『天』，顛也」，其注曰為：「至高無上從一大」〔註7〕，而筆者翻查《墨子》一書，並參照於任繼愈、李廣星主編之《墨子大全》中所收錄張仁明《墨子辭典》一書，進行對照與《墨子》中關於「天」、「義」（利）、「愛（兼、兼愛）」，這幾個關於墨家哲學之核心概念的統計與定義，得出下文之簡易統計：

> 「天」在《墨子》文本中共出現900次，其意義大抵上包含了「天即天空」、「天氣與氣候」、「天下：泛指全國，也指天下之人」、「天之：同於天志」、「天志：天的意志」、「天意：天的意志」、「天均：天的公平之道」、「天子：古代以為君權神授，故稱帝王為天子」、「天命：上天的命令」、「天賊：天的禍害」、「天德：對天有功德」以及「天」作為「萬物的主宰」……等其中以其使用字數統計最為密集的乃是以「萬物的主宰」以及「天下」二詞，前後二者分別為263次與490次。〔註8〕

　　關於以上所記載，這或許代表著《墨子》書中關於「天」之概念，最重視的是兩個意義，以及由這兩個意義下衍伸出來的意義，如「天志」、「天意」、「天命」……等等意義。此外，羅光表示墨子的「天志」概念和「天意」或「天」之所欲具有相同的意義，並說明如下：

> 墨子則以天意代表上天自己行動的規則，上天既是心靈的尊神，自己的行動也必有規則，不會亂動。這種規則是上天自己所願意而成

〔註6〕崔清田，《顯學重光》，頁85～110。

〔註7〕段玉裁注：《說文解字注》，頁1。

〔註8〕參照張仁明《墨子辭典》，貴州：貴州人民出版社，2003，頁414～416。收錄於：任繼愈、李廣星主編：《墨子大全》，北京：北京圖書館出版社，2003。

的，因此稱為天意，或天之所欲。〔註9〕

所以「天」是有意志的〔註10〕。而且《墨子》中「天志」的觀念，即淵源於我先民族的信仰，而且是統一諸觀念的根本觀念，所以梁啟超說：「不知天，無以學墨子。」所謂天志，就是天的意志。〔註11〕墨子認為的「天」是有欲求，有意志的，天的意志即所謂的「天志」。所以「天志（意）」顧名思義就是「天意（天志）」，而且「天行廣而無私。其施厚而不德。其明久而不衰。」，所以「天志」為最高權威尺度，以及最高之價值規範，〈天志下〉篇云：

> 故子墨子置天之，以為儀法。非獨子墨子以天之志為法也，於先王之書大夏之道之然：「帝謂文王，予懷而明德，毋大聲以色，毋長夏以革，不識不知，順帝之則。」此語文王之以天志為法也，而順帝之則也。且今天下之士君子，中實將欲為仁義，求為上士，上欲中聖王之道，下欲中國家百姓之利者，當天之志，而不可不察也。天之志者，義之經也。

周富美在其《救世的苦行者——墨子》一書中認為墨子對於「天」的涵義，可以簡列為下列六點〔註12〕：

（一）天，是有意志的人格神，天欲人相愛相利，不欲人相惡相賊。

（二）天，無時不在、無所不在、無所不能。

（三）天，至高、至貴、至智。

（四）天，是天下的主宰，政治的最高權源。

（五）天，是義之所從出，是人類言行的標準。

（六）天，是造物主，能賞善罰暴。

是故筆者考察《墨子》中〈天志〉三篇中對於「天」概念之說明，例如：天的形象、天作為最高之法儀標準、天與天下（百姓）的關係、天之意欲之好惡與行為做法……等等概念，我們可以在其中所記載發現其「天」之特性。如〈天志上〉篇曰：

> 且語言有之曰：『焉而晏日焉而得罪，將惡避逃之？』曰無所避逃之。夫天不可為林谷幽門無人，明必見之。

〔註9〕羅光：《中國哲學思想史：先秦篇》，臺北：學生書局，1982，頁361。

〔註10〕畢沅在《墨子》中提出了天志的意思：「《玉篇》云：志，意也。」畢沅注，吳旭民校點：《墨子》，上海：上海古籍出版社，2019，頁104。

〔註11〕王冬珍：《墨子思想》，臺北：正中書局，1987，頁45。

〔註12〕周富美：《救世的苦行者——墨子》，頁322～323。

又〈天志中〉篇云：「天為貴，天為知而已矣。」，然而〈天志下〉亦云：今人皆處天下而事天，得罪於天，將無所以避逃之者矣。〈天志上〉：

> 子墨子言曰：「今天下之士君子，知小而不知大。何以知之？以其處家者知之。若處家得罪於家長，猶有鄰家所避逃之。……處國得罪於國君，猶有鄰國所避逃之，然且親戚兄弟所知識，共相儆戒皆曰：『不可不戒矣！不可不慎矣！誰亦有處國得罪於國君，而可為也』！此有所避逃之者也，相儆戒猶若此其厚，況無所避逃之者，相儆戒豈不愈厚，然後可哉？且語言有之曰：『焉而晏日焉而得罪，將惡避逃之？』曰無所避逃之。夫天不可為林谷幽門無人，明必見之。然而天下之士君子之於天也，忽然不知以相儆戒，此我所以知天下士君子知小而不知大也。

以上所文本所述：即可代表「天」之「全知全能」；此外，〈天志中〉篇又說明了「天」之生化萬物之意涵：

> 且吾所以知天之愛民之厚者有矣，曰以磨為日月星辰，以昭道之；制為四時春秋冬夏，以紀綱之；雷降雪霜雨露，以長遂五穀麻絲，使民得而財利之；列為山川谿谷，播賦百事，以臨司民之善否；為王公侯伯，使之賞賢而罰暴；賊金木鳥獸，從事乎五穀麻絲，以為民衣食之財。自古及今，未嘗不有此也。

然而〈天志上〉篇又說明「天」之「好惡」及具有「賞善罰惡」的特性：

> 然則天亦何欲何惡？天欲義而惡不義。然則率天下之百姓以從事於義，則我乃為天之所欲也。我為天之所欲，天亦為我所欲。然則我何欲何惡？我欲福祿而惡禍祟。若我不為天之所欲，而為天之所不欲，然則我率天下之百姓，以從事於禍祟中也。然則何以知天之欲義而惡不義？曰天下有義則生，無義則死；有義則富，無義則貧；有義則治，無義則亂。然則天欲其生而惡其死，欲其富而惡其貧，欲其治而惡其亂，此我所以知天欲義而惡不義也。
> 亦云：順天意者，兼相愛，交相利，必得賞。反天意者，別相惡，交相賊，必得罰。

亦如〈天志中〉篇曰：天子為善，天能賞之；天子為暴，天能罰之。然而若關於《墨子》中之「天之愛」的說明，我們能在文本中發現，天之愛為天對天下及天下百姓之愛，如〈天志上〉篇說：

然則何以知天之愛天下之百姓？以其兼而明之。何以知其兼而明之？以其兼而有之。何以知其兼而有之？以其兼而食焉。何以知其兼而食焉？四海之內，粒食之民，莫不犓牛羊，豢犬彘，潔為粢盛酒醴，以祭祀於上帝鬼神，天有邑人，何用弗愛也？且吾言殺一不辜者必有一不祥。殺不辜者誰也？則人也。予之不祥者誰也？則天也。若以天為不愛天下之百姓，則何故以人與人相殺，而天予之不祥？此我所以知天之愛天下之百姓也。

〈天志下〉篇亦曰：

曰順天之意何若？曰兼愛天下之人。何以知兼愛天下之人也？以兼而食之也。何以知其兼而食之也？自古及今無有遠靈孤夷之國，皆犓豢其牛羊犬彘，絜為粢盛酒醴，以敬祭祀上帝山川鬼神，以此知兼而食之也。苟兼而食焉，必兼而愛之。譬之若楚、越之君，今是楚王食於楚之四境之內，故愛楚之人；越王食於越，故愛越之人。今天兼天下而食焉，我以此知其兼愛天下之人也。

「天之愛天下之百姓」與「兼愛天下之人」此二句，便已說明「天」不僅僅創生萬物更是兼愛天下，〈天志中〉篇亦曰：

曰殺不辜者，天予不祥。不辜者誰也？曰人也。予之不祥者誰也？曰天也。若天不愛民之厚，夫胡說人殺不辜，而天予之不祥哉？此吾之所以知天之愛民之厚也。

此即證明了天之愛民與其賞善罰惡的特性，然而天對於天下之政治倫理思想亦強調，所以〈天志上〉篇云：順天意者，義政也。反天意者，力政也。那是因為天作為最高標準的特性，另外，天是具有德行、永恆性，如〈法儀篇〉所言：

天之行廣而無私，其施厚而不德，其明久而不衰，故聖王法之。

論及所述，誠如〈天志中〉篇說：是故子墨子曰：「今天下之君子，中實將欲遵道利民，本察仁義之本，天之意不可不慎也。」；〈天志中〉篇亦曰：順天之意者，義之法也。」，〈天志下〉篇又云：

是故子墨子言曰：「戒之慎之，必為天之所欲，而去天之所惡。曰天之所欲者何也？所惡者何也？天欲義而惡其不義者也。何以知其然也？曰義者正也。何以知義之為正也？天下有義則治，無義則亂，我以此知義之為正也。

然而這就是《墨子》以天作為最高標準的清晰表述，如〈天志〉有云：

> 子墨子言曰：「我有天志，譬若輪人之有規，匠人之有矩，輪匠執其
> 規矩，以度天下之方圓，曰：『中者是也，不中者非也。』今天下之
> 士君子之書，不可勝載，言語不可盡計，上說諸侯，下說列士，其
> 於仁義則大相遠也。何以知？曰我得天下之明法以度之。」

王冬珍在其《墨子思想》一書中表示：

> 〈天志下〉說：「是故義者不自愚且賤者出，必自貴且知者出。曰誰
> 為知？天為知。然則義果自天出也。今天下之士君子之欲為義者，
> 則不可不順天之意矣。」據此我們可以得知，墨子的倫理基礎是法
> 天，…墨子以為道德的大原出於天，再由天志落實到人生。所以墨
> 子的道德哲學，是以最高的道德和原始社會的天鬼信仰互相結合而
> 成，兼愛交利本是最高的道德觀念，而墨子此種最高的道德觀念，…
> 以天志為歸宿。〔註13〕

考察《墨子》文本中，我們不難發現到在《墨子》思想中的「天」概念，
更是其思想的核心觀念，「天」亦作為其道德哲學中最高的統治者，誠如〈天
志下〉篇曰：

> 是故子墨子言曰：「戒之慎之，必為天之所欲，而去天之所惡。曰
> 天之所欲者何也？所惡者何也？天欲義而惡其不義者也。何以知
> 其然也？曰義者正也。何以知義之為正也？天下有義則治，無義
> 則亂，我以此知義之為正也。然而正者，無自下正上者，必自上
> 正下。

〈天志下〉篇更說明：

> 是故庶人不得次己而為正，有士正之；士不得次己而為正，有大夫
> 正之；大夫不得次己而為正，有諸侯正之；諸侯不得次己而為正，
> 有三公正之；三公不得次己而為正，有天子正之；天子不得次己而
> 為政，有天正之。

〈天志中〉篇又云：

> 且吾所以知天之愛民之厚者有矣，曰以磨為日月星辰，以昭道之；
> 制為四時春秋冬夏，以紀綱之；雷降雪霜雨露，以長遂五穀麻絲，
> 使民得而財利之；列為山川谿谷，播賦百事，以臨司民之善否；為

〔註13〕王冬珍：《墨子思想》，頁50～51。

王公侯伯，使之賞賢而罰暴；賊金木鳥獸，從事乎五穀麻絲，以為民衣食之財。自古及今，未嘗不有此也。……。今夫天兼天下而愛之，撽遂萬物以利之，若豪之末，非天之所為，而民得而利之，則可謂否矣……」

而〈法儀篇〉亦云：「既以天為法，動作有為，必度於天。天之所欲則為之，天之所不欲則止。」，然而「義」是天志的內容，那麼天之所欲以及其所不欲是為何？〈法儀〉曰：

然而天何欲何惡者也？天必欲人之相愛相利，而不欲人之相惡相賊也。奚以知天之欲人之相愛相利，而不欲人之相惡相賊也？以其兼而愛之，兼而利之也。奚以知天兼而愛之，兼而利之也？以其兼而有之，兼而食之也。

而天是兼愛、兼利天下的，當然意欲人之互愛互利，惡人相惡相賊，其在〈天志中〉又云：

然則天之將何欲何憎？子墨子曰：「天之意不欲大國之攻小國也，大家之亂小家也，強之暴寡，詐之謀愚，貴之傲賤，此天之所不欲也。不止此而已，欲人之有力相營，有道相教，有財相分也。又欲上之強聽治也，下之強從事也。上強聽治，則國家治矣，下強從事則財用足矣。

從上段文本，不難發現，「天」之意欲人「上之強聽治」、「下之強從事」，如此一來方「國家治」、「財用足」，〈天志上〉亦云：

然則天亦何欲何惡？天欲義而惡不義。然則率天下之百姓以從事於義，則我乃為天之所欲也。我為天之所欲，天亦為我所欲。然則我何欲何惡？我欲福祿而惡禍祟。若我不為天之所欲，而為天之所不欲，然則我率天下之百姓，以從事於禍祟中也。然則何以知天之欲義而惡不義？曰天下有義則生，無義則死；有義則富，無義則貧；有義則治，無義則亂。然則天欲其生而惡其死，欲其富而惡其貧，欲其治而惡其亂，此我所以知天欲義而惡不義也。

若由上述文本中之記載，可以進一步理解如王冬珍所言：

能由「天欲人相愛相利，惡人相惡相賊」、「天之意欲人上之強聽治，下之強從事」以及「天欲義而惡不義」進一步理解即「天」欲人「為義」。義，即天下的最高法儀，故以「義出於天」以彰顯

天的超越性和絕對性，也就是不能不依「天欲義而惡不義」以彰顯天的作用和功能。…因此「義」不僅是出於天，且天欲惡的表準，賞罰的判別。〔註14〕

〈法儀〉云：

子墨子曰：「天下從事者，不可以無法儀，無法儀而其事能成者無有也。雖至士之為將相者，皆有法，雖至百工從事者，亦皆有法。百工為方以矩，為圓以規，直衡以水，以繩，正以縣。無巧工、不巧工，皆以此五者為法。巧者能中之，不巧者雖不能中，放依以從事，猶逾己。故百工從事，皆有法所度。」……然則奚以為治法而可？故曰莫若法天。天之行廣而無私，其施厚而不德，其明久而不衰，故聖王法之。既以天為法，動作有為，必度於天，天之所欲則為之，天所不欲則止。

綜上所述，我們可以簡易的將《墨子》中的「天」概念，作出以下幾點整理與理解：

（一）天以作為最高的「法儀」標準

（二）天的本質與特性具有以下幾點特性

 1、「天」能創生宇宙萬物

 2、「天」為全知全能

 3、「天」是至善最「義」，並使『「義」自『天』所從出」

 4、「天」乃是「天下」最高的統治者

 5、「天」是「義」的所從出之根源

（三）天的好惡與賞罰之能

 1、「天」是「欲義」而惡「不義」

 2、「天」乃是希望天下之「人」能「兼相愛，交相利」

 3、「天」希望天下人能努力從事，進而「興天下之利，除天下之害」

「天志」成了墨子判斷、規範、指導的原則，也是治理天下的法儀，《墨子·法儀》篇說：「天之行廣而無私，其施厚而不德，其明久而不衰。」天的愛如陽光和雨水，是普遍的施予供給給所有的人，這就是「行廣而無私」的普遍性。另外王讚源表示：「『施厚而不德』是無私的，具備了一種客觀性。在

────────────

〔註14〕王冬珍：《墨子思想》，頁50。

從『其明久而不衰』可以看出天還有明確性和持久性。」〔註15〕〈天志中〉曰：

> 子墨子曰：「吾所以知天之貴且知於天子者有矣。曰：天子為善，天能賞之；天子為暴，天能罰之；天子有疾病禍祟，必齋戒沐浴，潔為酒醴粢盛，以祭祀天鬼，則天能除去之，然吾未知天之祈福於天子也。此吾所以知天之貴且知於天子者。不止此而已矣，又以先王之書馴天明不解之道也知之。曰：『明哲維天，臨君下土。』則此語天之貴且知於天子。不知亦有貴知夫天者乎？曰：天為貴，天為知而已矣。然則義果自天出矣。」

據此，墨子「天」概念，此一價值根源具備著「普遍性」、「客觀性」、「明確性」與「持久性」。所以說「天」的形象是「至高」、「至貴」、「至知」，如《墨翟與《墨子》》中所言：天之三種特性：即廣泛性、深厚性和持久性，墨子的倫理原則都以這三種特性為基礎，一切的倫理即價值規範，皆由「天志」演繹而來〔註16〕，墨子對「天」的尊崇是其思想的一大特色，而《墨子》思想將這個超越的「天」，作為人間的「法儀」，因此現實的世界社會之中的倫理道德均源自於其「天」、亦必「法於天」。

第二節　《墨子》道德哲學的「義」概念

筆者於上一章節以簡略概括式的說明《墨子》中「天」的概念，此一章節將以進行《墨子》書中對於「義」的概念之相關探討，翻查《說文解字》中對於「義」字的解釋，其曰：「己之威義也」〔註17〕，而「義」字在《墨子》文本中共出現274次，分別代表著不同意思，其意大抵上有六種意義：

一、如在〈節葬下〉中的「適宜」之意，共計出現3次

二、如在〈貴義〉、〈耕柱〉、〈修身〉、〈尚賢上〉以及〈尚賢下〉等，以作為：合宜的道德、行為或道理共140次

三、作為「意見」之意，如〈尚同〉篇章之意，共56次

四、於〈非儒〉所謂以「義」稱為學說，主張共計2次

〔註15〕王讚源：《墨子》，頁85。
〔註16〕孫中原、吳進安、李賢中：《墨翟與《墨子》》，頁244。
〔註17〕段玉裁注：《說文解字注》，頁639。

五、作為「合宜」、「正義」之意，例如〈魯問〉、〈所染〉以及〈節葬〉等篇章所載，共 61 次

六、與「法儀」之「儀」同是作為「法則」之意，共計 2 次，然其未記做動詞或做狀語以及論「義士」、「義正」以及「義政」等共計 10 次，故此項未記於六種意義之中。〔註 18〕紀錄中以「義」作為合宜的道德、行為與道理的說法最多，而在以《墨子》中相關篇章，對於「義」的定義與解釋有下列幾點：

〈貴義篇〉云：「萬事莫貴於義。」。

〈貴義篇〉云：「義者，天下之良寶也。」。

〈天志篇〉云：「義者，政也。」。

〈天志篇〉云：「義者，天下之大器也。」。

〈經上篇〉云：「義，利也。」

〈經說上篇〉云：「義，志天下為芬，而能能利之，不必用。」

然而，孫廣德將義之意義分為三大層次：以〈經上〉云：「義，利也。」稱之一、「義」為「利」，二、「義」為「廣義之利」：凡於任何方面有益之事，均可稱之為利。三、「義」為「公利」：義雖為廣義之利，然不能謂廣義之利即是義，乃因廣義之利仍有公私之分，廣義之私利不能稱之為義，唯廣義之公利始可稱之為義。〔註 19〕在〈非攻上〉云：

> 今有一人，入人園圃，竊其桃李，眾聞則非之，上為政者得則罰之。此何也？以虧人自利也。至攘人犬、豕、雞、豚者，其不義又甚入人園圃竊桃李。是何故也？以虧人愈多，其不仁茲甚，罪益厚。至入人欄廄，取人馬牛者，其不仁義又甚攘人犬、豕、雞、豚。此何故也？以其虧人愈多。苟虧人愈多，其不仁茲甚，罪益厚。至殺不辜人也，扡其衣裘，取戈、劍者，其不義又甚入人欄廄取人馬牛。此何故也？以其虧人愈多。苟虧人愈多，其不仁茲甚矣，罪益厚。當此，天下之君子皆知而非之，謂之不義。今至大為攻國，則弗知非，從而譽之，謂之義。此可謂知義與不義之別乎？……今至大為不義攻國，則弗知非，從而譽之，謂之義，情不知其不義也，故書其言以遺後世。若知其不義也，夫奚說書其不義以遺後世哉？今有

〔註 18〕參照張仁明：《墨子辭典》，頁 499〜500。

〔註 19〕孫廣德：《墨子政治思想之研究》，頁 177〜178。

人於此，少見黑曰黑，多見黑曰白，則以此人不知白黑之辯矣；少

嘗苦曰苦，多嘗苦曰甘，則必以此人為不知甘苦之辯矣。今小為非，

則知而非之。大為非攻國，則不知非，從而譽之，謂之義。此可謂

知義與不義之辯乎？是以知天下之君子也，辯義與不義之亂也。

由〈非攻上〉篇所言，我們可以推導出，竊人桃李、取人牛馬、攘人犬、
豕、雞、豚；殺不辜人、扡其衣裘、取其戈、劍者，雖然有著程度上的差異，
但都是虧人以自利。攻人之國更是程度更重的虧人以自利的不義之事。所得
私利不是墨子所謂之義，梁啟超在《子墨子學說》中說：「墨子所以斷斷言利
者，其目的故在利人」〔註20〕。換言之，墨子的「義」是「公利」乃無誤之
見。

另外，湯智君認為：「墨子以天治為立儀的標準，「義」又是天志的全部
內容，自然「義」就是一切事物的標準，或者說「義」就是最高的價值規範」
〔註21〕墨子想「托天改制」，必以舉「義」為天意之志，墨子非常重視「義」，
而且以義做為道德的標準，善不善的區分，賞罰的準則。〔註22〕《墨子的人
生哲學》一書中認為：墨子法天的思想……，發展他獨創的一套「義」的理
論，以及行義的實踐哲學。〔註23〕又認為：「義」為一最「超越」的觀念，因
為「義」源自上天，而上天為一超越的實體〔註24〕，若進一步提及「義」之
來源與其內容。〈天志中〉：

子墨子曰：「義不從愚且賤者出，必自貴且知者出。何以知義之不從

愚且賤者出，而必自貴且知者出也？曰：義者，善政也。何以知義

之為善政也？曰：天下有義則治，無義則亂，是以知義之為善政也。

夫愚且賤者，不得為政乎貴且知者，然後得為政乎愚且賤者，此吾

所以知義之不從愚且賤者出，而必自貴且知者出也。然則孰為貴？

孰為知？曰：天為貴，天為知而已矣。然則義果自天出矣。」

天志是墨子之學說的根源，是他道德立儀的標準。天志所表現的是義是
利，故義為墨子人生思想最高的道德規律。〔註25〕蔡仁厚更進一步表示：

〔註20〕梁啟超：《先秦政治思想史》，臺北：臺灣中華書局，1984，頁119。

〔註21〕湯智君：《墨子、韓非子研究論集》，頁47。

〔註22〕王冬珍：《墨子思想》，頁5。

〔註23〕薛保綸：《墨子的人生哲學》，臺北，國立編譯館，1986，序言，頁2。

〔註24〕薛保綸《墨子的人生哲學》，頁82。

〔註25〕薛保綸：《墨子的人生哲學》，頁82。

天或天之意志，是墨子救世活動的一個法儀。一方面它是墨子自己度量天下一切是非、善惡、利害的唯一準衡；在另一方面，又是整個人間依以為法的唯一標準。這個作為「法儀」的天或天之意志，在墨子的思想意識中，實在是理想價值的根源。天「欲義、惡不義」，而「義」又從「天」出，所以天之本質、或者說天之意義的內容，根本上就是一個「義」。依墨子，天之所以為天，只在這一個義；人之所以為人，亦只在這一個義。以「義」溝通天人，而用以拯救天下，這該是墨學根本大義之所在。〔註26〕

而薛保綸則認為：有關墨子的義，我們可以從三方面給以類分〔註27〕：

一、以義的本質內涵分，如果把義當一種德性看…可分為全德的與不全德的兩種：（一）全德之義：義當總體之德或統攝之德解釋時，它即是最大的德性，在它下面包括其他一切德行。它是一切德行的總稱和代表。墨子拿義當天德，為人類法則的標準，或人類生活行為的總規律時，其「義」的含義，即是全德之義。…墨子書中所言的義，大都是指全德之義；（二）分德之義：當義被看為德性的一種或一特別的德性時，它便成分德之義了。

二、以義為「利」的意義分，當義為利時，利又可分為許多類型，如從（一）以對象分；（二）以類型分；（三）以成全等級分；

三、以義為「兼愛」的觀點分：當義為兼愛時，義代表的是全德，兼愛代表的也是全德。然而孫廣德則認為：

「依墨子書中所明白言及者，義之內容有以下諸端〔註28〕，筆者簡略羅錄於下：其一、為「兼愛」，其二、為「非攻，其三為「尚賢」，其四為「為不苟得」…以上四端，乃為說明義之內容所舉之實例，自不足以盡義之全部內容，而僅係義之內容之部分。且就理論上言，以列舉之法，永遠不可能將義之內容完全舉盡，吾人只能概括言之曰：凡合於公利之事物言行，均為義之內容…發現無窮，義之內容亦必列舉不盡也」〔註29〕。

筆者認為上述所言中，結論出「義」作為道德原則，或以類分之理解，

〔註26〕蔡仁厚：《墨家哲學》，頁67

〔註27〕薛保綸：《墨子的人生哲學》，頁91。

〔註28〕孫廣德：《墨子政治思想之研究》，頁178。

〔註29〕孫廣德：《墨子政治思想之研究》，頁178～179。

或以義之諸多觀念涉及其諸端進行說明，雖不能盡義之全貌，但是均能令人理解「義」作為《墨子》思想中極為重要之核心思想，誠如《墨翟與《墨子》》一書中所描述：

> 義具有的道德價值，透過天志之導引，使得人在行為中能充分體現天志之價值，……「義」本是墨子從天志觀念中直接引申出來的一個道德觀念，「義」不僅是法儀，……並且是人我互動互利的可能基礎，義既是人之所當行，……，行天之言，為天之義，即是人之正途。〔註30〕

據此，其更進一步表示：

> 「一切的倫理即價值規範，皆由「天志」演繹而來，從肯定「法天」之效果面而言，把「天之理」轉化為義，為人倫世界之價值，為人人所共同接受與實踐的標準，義不僅是客觀之理，由內化而內在，進一步而構成人我互動的內在道德基礎。」。〔註31〕

是故「義」之所以貴於萬事萬物，是為「天下之良寶」，如〈貴義〉篇所言：

> 子墨子曰：「萬事莫貴於義。今謂人曰：『予子冠履，而斷子之手足，子為之乎？』必不為，何故？則冠履不若手足之貴也。又曰：『予子天下而殺子之身，子為之乎？』必不為，何故？則天下不若身之貴也。爭一言以相殺，是貴義於其身也。故曰，萬事莫貴於義也。

〈耕柱〉篇又曰：

> 今用義為政於國家，人民必眾，刑政必治，社稷必安。所為貴良寶者，可以利民也，而義可以利人，故曰，義天下之良寶也。

於此，我們可以再進一步歸納出幾種關於「義」的基本概念與內容，如〈經上〉所述：「義，利也。」之「義利互涵」之意，其二，義為廣義之利（而廣義之利亦有公私之分，墨子所強調的乃是公利），另〈經上〉所云：「義，利也」；又〈經說上〉：義：志以天下為芬，而能能利之，不必用。據此，故有其三，義為公利，〈魯問篇〉曰：

> 子墨子曰：「子之所謂義者，亦有力以勞人，有財以分人乎？」……翟以為不若誦先王之道，而求其說，通聖人之言，而察其辭，上說

〔註30〕孫中原、吳進安、李賢中：《墨翟與《墨子》》，頁243。
〔註31〕孫中原、吳進安、李賢中：《墨翟與《墨子》》，頁244。

王公大人，次匹夫徒步之士。王公大人用吾言，國必治；匹夫徒步
之士用吾言，行必脩。故翟以為雖不耕而食飢，不織而衣寒，功賢
於耕而食之、織而衣之者也。

陳問梅認為：

墨子之義，並非出自人之生命或心、性，而是出於天的，出於墨子
所肯定的天的。……這個作為人格神的天，其本質即是義，其意志
的全幅內容亦是義。……墨子之義，絕不同於儒家孔、孟之義。墨
子之義是墨學諸觀念的根本觀念，諸觀念均以義為根柢。……墨子
肯定了這樣的一個義，即以為出於天的一個義，並用以作為整個現
實世界唯一而絕對的標準。〔註32〕

如上所述，「義果自天出」而成為《墨子》中「天」之內容，是為墨學觀
念中的理論基礎之一，而貫串其思想系統。而墨子的學說，實有其形式的系
統。墨子提出十個理論〔註33〕，合為五組，形成一個整齊的系統，這「十論」
被眾多治墨學者視為墨子學說的基本精神。

墨子則指出「十論」是「為義」所要做的十件事情。「義」是「十論」
的核心，「十論」是圍繞「義」而形成的墨子學說體系。〔註34〕誠如周富美
認為：

墨子學說也以「義」為宗旨，貴義篇說：「萬事莫貴於義」，但他除
了「應該」之義外，還切切實實地加上「利」的條件。經上篇說：
「義，利也。」認為「義」與「利」根本就是一回事。凡是除了問
「應該」「不應該」之外，還要更進一步問「有利」「無利」。在墨家
看來，「有利」的就是「義」的；「無利」的就是「不義」的。〔註35〕

關於上述所論，可以得出《墨子》之「義」與「利」二者並不衝突〔註36〕，
再者由〈天志篇〉與〈經上篇〉所對「義」下的定義，可以得出墨學之「義」

〔註32〕陳問梅：《墨學之省察》，增訂本自序頁 II。
〔註33〕〈魯問篇〉云：「子墨子曰：『凡入國，必擇務而從事焉。國家昏亂，則語之
尚賢、尚同；國家貧，則語之節用、節葬；國家憙音湛湎，則語之非樂、非
命；國家遙僻無禮，則語之尊天、事鬼；國家務奪侵凌，即語之兼愛、非攻，
故曰擇務而從事焉。」
〔註34〕崔清田：《顯學重光》，頁 103。
〔註35〕周富美：〈墨子的實學〉，《臺大文史哲學報》第二十二期，1973，頁 90～91。
〔註36〕義即利：「利者，義之和也。」韋政通：《中國哲學辭典》，臺北：大林出版社，
1977，頁 680。

兼攝「正與利」，此即「義」至少包括了「正」和「利」兩個意義。正即是正當，正當也就是合宜之謂，於此這個「義」與「義者，宜也。」〔註37〕應可以理解為相同或類似之概念。

此外，我們也可以在許多的中國典籍與思想史料之中發現，有許多對於「義」與「利」之看法與解釋在墨學說法有類比相同之處，如：

利者，義之和也。（《易經‧乾卦文言》）

利物足以和義。（《易經‧乾卦文言》）

以義利利天下。（《易經‧乾卦文言》）

義以生利（〈左傳‧成公二年〉）

義，利之本也。（〈左傳‧昭公十年〉）

義以建利。（〈左傳‧成公十六年〉）

利，義之和也。（〈左傳‧襄公九年〉）

由這些文本記載可以發現，墨子所謂「義」之概念，含涉及「正」、「利」以及「宜」等諸多觀念，凡涉及到行為時，不僅僅在意正當的動機，亦強調實際的效用。胡適認為：

「儒家說義也者，宜也」宜即是「應該」。凡是應該如此做的，便是「義」，墨家說：「義，利也。」便進一層說：凡是如此做去便可有利的即是『義』的。因為如此做才有利，所以「應該」如此做，義所以為「宜」，正因其為「利」〔註38〕

誠如楊建兵所述：

墨家的「義」同樣也可以簡單地會意為「宜」，不過它是指道德主體在處分「利」與「害」的行為與態度上的「適宜」、「適度」，本質上對行為的主體有兩個要求：其一，要求主體在行為上選擇「適宜」的「利」；其二，在不同的利益主體之間實現「利」的相對「均衡」（有人理解為「平等」）的追求最終使「義」成為墨家進行國家、社會治理以及個人修養和行為所遵循的普遍法則。〔註39〕

綜上所述，我們能歸納出幾種關於「義」的基本概念與內容，其中如以「利」言之：「義，利也。」，此代表者「『義』與『利』之間具有極為密切的

〔註37〕《禮記‧中庸》：「仁者，人也，親親為大。義者，宜也，尊賢為大。」

〔註38〕胡適：《中國古代哲學史》，頁126。

〔註39〕楊建兵：《先秦平民階層的道德理想——墨家倫理研究》，頁40～41。

相互關係」，由於墨子除了分辨「應該（不應該）」之外，更強調有利與否。

其說明了「義」與「利」二者並不衝突，而是合於來自於「天」的「義」，再者《墨子》之「義」的概念亦具有廣義的「利」以及狹義之「利」，即其利具有公、私利之分，誠如〈經說上〉：「義：志以天下為芬，而能能利之，不必用」。墨子所強調的乃是公利，又以《墨子》曰：「義果自天出」一句，亦說明了「義」成為了「天」之內容，亦貫串其哲學思想，「義」亦成為其理論系統之重要樞紐。

但是「義」的內涵與概念只有「利（公利）」此一概念作為其「義」的內容嗎？我們若由〈貴義篇〉、〈天志篇〉、〈經上篇〉以及〈經說上篇〉所對「義」下的諸多定義，可以得出墨學之「義」兼攝「正與利」，此即「義」包括了「正」和「利」兩個意義。據此，由這些上述記載與相關文本可以發現，墨子所謂「義」之概念，至少含涉及「正」、「利」以及「宜」等諸多觀念，凡涉及到行為時，不僅僅在意正當的動機，亦強調實際的效用。據此，似乎不能單純的只以「利」以完全的表達「義」或說明「義」的內容。

筆者認為在上述所論之中，雖只能簡單地結論出「義」作為《墨子》哲學中道德原則；或試著以類分方式之理解「義」；又或者以「義」之諸多觀念涉及其諸端進行相關說明，雖不能道盡「義」之全貌，但是均能令人理解到：「義」作為《墨子》思想中是極為重要之核心思想與其哲學理論的基礎。

第三節 《墨子》道德哲學的「兼愛」概念

《孟子‧滕文公下》說：「墨氏兼愛。」〔註40〕《莊子‧天下》說：「墨子汎愛兼利。」〔註41〕《呂氏春秋‧不二》〔註42〕及《尸子‧廣澤》〔註43〕都說：「墨子貴兼。」從上文所述，那麼什麼是「兼愛」？我們可以試著辨識「兼愛」的概念。然而關於墨家「兼愛」此一觀念，不能不先理解墨子「兼」的主要意涵為何？

考察《墨子》所述，基本上可以概略的分為兩類，其一如〈經下〉所述：「牛馬之非牛，與可之同，說在兼」，此在於說明同時有多件事物或同時發生

〔註40〕焦循、焦琥：《孟子正義》，頁269。
〔註41〕郭象注，陸德明釋文，成玄英疏、郭慶藩集釋：《莊子集釋》，頁464。
〔註42〕王利器：《呂氏春秋注疏》，頁2028。
〔註43〕王利器：《呂氏春秋注疏》，頁717。

許多事件，其二，即指整體，誠如〈經上〉所言：「體，分於兼也。」，然而「兼愛」之「兼」即歸於「整體」此一類中，然而此一整體性的例外來自於選擇〔註44〕，正如同「誅」與「攻」的差異性。我們從《墨子》文本中，可以發現可見其將「兼」字定義如下，如〈經上篇〉所記載：

　　體，分於兼也。體。若二之一，尺之端也。

　　由此可見，在〈經上篇〉中認為「兼」是整體的，而「體」是兼的一部分。是故〈經上說篇〉中解釋了「一」是「二」的部分，而「端」是「尺」的部分，「端」可以構成整體的「尺」。綜合以上，它的意義不在於兼和部分，而在於整體。〔註45〕而《說文解字》對於「愛」字之定義為：「愛，行皃也」〔註46〕。另外，筆者針對《墨子》中對於「愛」字的使用頻率，考察如下：

　　「愛」在《墨子》書中計有178次，此「愛，喜愛，愛護。與『憎』『惡』相對。」關於此意義，計有147次，另有「愛利」19次與「兼愛」9次〔註47〕，另查「兼」字條目，「兼」出現在《墨子》書共有124次，與6次「從事『兼愛』的」意義，另又以「指『兼愛』，墨子的政治理想，墨家學說的重要綱領之一。

　　所謂兼愛，就是視人若己，愛人若己，不分貴賤親疏，彼此相親相愛。與『別』相對。」，此意於《墨子》書最為頻繁，共計57次，在以「兼愛」計之「愛人若己，不分彼此地愛。」9次〔註48〕，三者合計共72次。如前所述，「天志」做為《墨子》思想的最高根源，所以墨子之兼愛非攻論乃建立在「天志」之上，〈兼愛〉、〈非攻〉中下各篇所說是也。〔註49〕

　　由於每一種學說的提出或倡導不僅有其歷史淵源，也必有其時代背景，而「兼愛」思想在《墨子》書中佔有極大的份量，據此我們能進一步的說明，在墨子所處的戰亂時代，對其而言是由於需要某個思想，進而提出「兼愛」此一觀念，期待能以這個思想而改善其所處的社會之患。「兼愛」是墨子學說

〔註44〕陽建兵認為：「兼愛」的真義是：在對象上，除「桀、紂、幽、厲」之類的暴王、暴人之外，無人不可愛，無人可不愛」，…其又言：「墨家之『愛』並非基督教那樣的『博愛』，而是有選擇的。」楊建兵：《先秦平民階層的道德理想──墨家倫理研究》，頁45。

〔註45〕王讚源：《墨子》，頁183。

〔註46〕段玉裁注：《說文解字注》，頁235。

〔註47〕參照張仁明：《墨子辭典》，頁79。

〔註48〕參照張仁明：《墨子辭典》，頁234～235。

〔註49〕方授楚：《墨學源流》，頁169。

中極為重要的思想，關於「兼愛」的真義，現存《墨子》兼愛分為上中下三篇，王冬珍認為：就是兼愛的原因、效果以及可行的理由與途徑立論。〔註50〕其認為「兼愛」具有以下幾的特性：一、兼愛為全體之愛；二、兼愛不受時空限制；三、愛人若己；四、兼愛無條件限制；五、兼愛與義利相互融通。

　　然而考察《墨子》書中分別針對這幾點進行文本的爬梳，首先關於「兼愛」為全體之愛，分別可以在〈小取〉、〈大取〉篇中發現有著如此的說明，〈小取〉篇云：

> 愛人，待周愛人而後為愛人。不愛人，不待周不愛人；不周愛，因為不愛人矣。

〈大取〉篇曰：

> 天下之利驩。聖人有愛而無利，倪日之言也，乃客之言也。天下無人，子墨子之言也猶在。

然而孫詒讓亦云：

> 無人即兼愛之義，言人我兩忘，則是人如幾矣。〔註51〕

　　由於墨家哲學之幸福理想是為以義稱道之社會、大同兼愛之天下，其理想的社會狀況是「為人國若為其國」、「為人之都，若為其都」、「為人之家若為其家」，於此「國、都不相攻伐，人、家不相亂賊」是為是為必然之現象，萬民所得的乃是天下的大利。

　　再者再針對關於「兼愛」是否不受時空限制一說，翻查文本亦可以在〈大取〉篇中發現有著這樣的說明：

> 愛眾眾世與愛寡世相若，兼愛之，有相若。愛尚世與愛後世，一若今之世人也。鬼，非人也；兄之鬼，兄也。

再者，關於「愛人若己」的看法，誠如〈兼愛上〉篇：

> 視人之室若其室，……視人身若其身，……視人家若其家，……視人國若其國

〈大取〉篇：

> 愛人之親，若愛其親，其類在官苟。兼愛相若，一愛相若。
>
> 愛人不外己，己在所愛之中。己在所愛，愛加於己。倫列之愛己，

〔註50〕王冬珍：《墨子思想》，頁9。
〔註51〕孫詒讓：《墨子閒詁》，卷十一〈大取篇〉註語，臺北：河洛圖書出版社，1986，頁8。

愛人也。

然而對於「愛人若己」此一想法，王讚源更提出一個特別的看法：「兼愛既是無等差又是有等差的愛。」，其表示：

　　這句話看似弔詭，其實是不同層次的問題。「兼愛是無等差的愛」，是指精神上、心量上、形而上的層次；「兼愛是有等差的愛」，是指實踐上、事實上、形而下的層次。墨者夷之說的「愛無等差，施由親始」，就包含了這兩個層次。〔註52〕

筆者亦認同上述此一說法，依《墨子》之意，天的兼愛天下人是普遍而沒有差等的。人們秉天性、順天意兼愛天下之人，也應該是普遍而沒有差等的。〈大取〉明白的說：「厚人不外己，愛無厚薄。」這種無厚薄、無差等的愛出於天志，這是兼愛的形上層次。這一層次的兼愛只能表現在人的精神上，落實到現實的生活中必然是愛有差等、有厚薄。

這也就「志」與「功」的問題，〈大取〉：「志功為辯。」「志功不可以相從。」「志」是心願、動機，心願是可以無窮，志存兼愛天下之人，並無困難。「功」就是事功、效果，事功乃具體的事務，對象有限，必有先後厚薄之分。「志」屬理想，「功」是現實。若從「志功為辯」與「志功不可相從」的現實狀態來看，愛心沒有厚薄，如〈大取〉所言：「二子事親，或遇熟，或遇兇，其愛親也相若。」，但實利卻有厚薄，這是「志」與「功」的不同。

墨子深知愛在實踐上必然有先後、遠近、親疏、厚薄之差等，所以〈修身〉說：「近者不親，無務求遠；親戚不附，無務外交。」，在用人方面，他主張有差等，如〈尚賢上〉云：「列德而尚賢」、「有能則舉之，無能則下之。」，

〔註52〕王讚源於此更提出一下說明，以進行補充：前半句就是「理想義」，形而上的層次；後半句，就是「實行義」、「實際表現」，形而下的層次。……兼愛之所以為「無等差的愛」，是從「天志」來的，天志是墨子兼愛的理論根據，……。人順天、法天實行兼愛，是可以無等差的，這是精神上、心志上的事。無形的精神或心志可以無先後、無厚薄的兼愛天下之人；然而，落實到實際的行為，愛利不同的人必然有先後、厚薄之分。……總之，順天、法天的兼愛是無等差的。但是人的心志上，愛可以無等差，也可以也等差。在實踐上，則愛必然有等差。「愛無等差」主要針對政治層面，墨子希望執政者博愛天下，就像日月兼照天下沒有私心，為政才能公正、公平。在倫常方面，無論心志上或實踐上，都是「愛有等差」，所以說「近者不親，無務求遠」、「施由親始」。因此說兼愛不含「無父」之義。然而孟子鐵口直斷地說「兼愛無父」，卻沒有提出有效的論證，我們認為他對兼愛不是誤解就是曲解。而後之附會者，更是思辨不深。王讚源：《墨子》，頁 201～204。

而〈非攻下〉篇則分辨「攻」與「誅」的不同，如「攻伐無罪之國」是「攻」，
而禹征有苗、湯伐桀、武王伐紂那是「征伐有罪的暴王」則稱為「誅」。

「誅」是義，「攻」是不義。「兼愛」，從順承「天志」之「義」來說是無
差等的，精神的、形上的層次；從具體實踐上說是有差等的，這是行為、事實
的層次。所以墨子才說：「志功不可以相從」，因此說，兼愛既是無差等又是
有差等的愛。〔註53〕

然而，兼愛是無條件限制的嗎？〈大取〉篇也給予了這樣的回應：

> 義可厚，厚之；義可薄，薄之。謂倫列。德行、君上、老長、親戚，
> 此皆所厚也。為長厚，不為幼薄。親厚，厚；親薄，薄。親至，薄
> 不至。義厚親，不稱行而顧行。

〈大取〉又云：

> 臧之愛己，非為愛己之人也。厚不外己，愛無厚薄。舉己，非賢也。
> 義，利；不義，害。志功為辯。

由上兩段引文便可得出，「兼愛」並不是無條件限制的回答。此外，〈經
說上〉更解釋道：

> 仁：愛己者，非為用己也。不若愛馬。

然而，至於「兼愛」與「義」「利」相互融通的看法，我們能說墨子的「兼
愛」出於「天志」，而天是兼愛天下之百姓的。〈天志上〉云：

> 奚以知天兼而愛之、兼而利之也？以其兼而有之、兼而食之也。今
> 天下無大小國，皆天之邑也。人無幼長貴賤，皆天之臣也。

我們從以上「兼」字的定義，「兼愛天下之人」，「愛人不外己」，以及「周
愛人」，可以歸納出兼愛是以人類全體為對象。但是人們為什麼應該「兼愛」
呢？「兼愛」的根源出於「天志」，而「天志」的內涵是「義」，而「天」是更
是墨子的法儀，「義」是「天志」而「兼愛」是「行義」、「法天」的方法與治
亂的目的。

墨子由天志推導出「萬事莫貴於義」，再言：「兼即仁矣，義矣。」，更倡
導兼愛、貴義、而曰：「義，利也。」，將以仁義涵利，再將「兼相愛，交相利」
並舉，正可說明其概念互通之論，另考察《墨子》中關於「兼相愛、交相利」
「兼愛相利」〈兼愛中〉、〈兼愛下〉、〈天志上〉、〈非命上〉共使用九次。如此
便說明其所謂之全體大利，是以「兼相愛，交相利」為出發之取向。

〔註53〕王讚源：《墨子》，頁189。

　　由於「兼愛」的基礎建立在「以天為法」墨子認為天下之所以亂，是因為「不相愛」。〈兼愛中〉說：「凡天下禍篡怨恨其所以起者，以不相愛生也。」人為什麼不相愛？〈兼愛上〉說：「天下兼相愛則治，交相惡則亂。」而〈兼愛下〉更說：「交兼者，果生天下之大利者與。」以及〈兼愛中〉說：「愛仁者人必從而愛之，利人者人必從而利之。」，所以〈魯問〉說：「交相愛，交相恭，猶若相利也。」。

　　如前所述，墨子的「兼愛」是用來對治「人與人不相愛」的方策。「兼愛」是人與人「有力相營，有道相教，有財相分。」（〈天志中〉）因此說，「兼愛」是人與人相愛相利，這是特別針對人與人的關係而言。

　　〈兼愛下〉篇又云：

　　　然而天下之士非兼者之言也，猶未止也。曰：「兼即仁矣義矣，雖然，豈可為哉？吾譬兼之不可為也，猶挈泰山以超江河也。故兼者直願之也，夫豈可為之物哉？」子墨子曰：「夫挈泰山以趙江河，自古之及今，生民而來，未嘗有也。今若夫兼相愛、交相利，此自先聖六王者親行之。」何知先聖六王之親行之也？子墨子曰：「吾非與之並世同時，親聞其聲，見其色也。以其所書於竹帛，鏤於金石，琢於槃盂，傳遺後世子孫者知之。」《泰誓》曰：「文王若日若月，乍照光於四方於西土。」即此言文王之兼愛天下之博大也，譬之日月，兼照天下之無有私也。即此文王兼也。雖子墨子之所謂兼者，於文王取法焉。

　　若從「兼愛」概念的具體表現考察文本，在《墨子》文本中的歷史紀錄如下，〈兼愛下〉篇云：「《泰誓》曰：『文王若日若月，乍照光於四方於西土。』」，〈兼愛下〉篇亦云：

　　　且不唯《泰誓》為然，雖《禹誓》即亦猶是也。禹曰：『濟濟有群，咸聽朕言，非惟小子，敢行稱亂，蠢茲有苗，用天之罰，若予既率爾群對諸群，以征有苗。』禹之征有苗也，非以求以重富貴、干福祿、樂耳目也，以求興天下之利，除天下之害。」即此禹兼也。雖子墨子之所謂兼者，於禹求焉。

　　〈兼愛下〉篇又云：

　　　且不唯《禹誓》為然雖《湯說》即亦猶是也。湯曰：『惟予小子履，敢用玄牡，告於上天后曰：「今天大旱，即當朕身履，未知得罪于上

下，有善不敢蔽，有罪不敢赦，簡在帝心。萬方有罪，即當朕身，朕身有罪，無及萬方。」即此言湯貴為天子，富有天下，然且不憚以身為犧牲，以祠說于上帝鬼神。』即此湯兼也。雖子墨子之所謂兼者，於湯取法焉。

以上便說明了《墨子》中關於「兼愛」乃是與「文王取法、於禹求、於湯取法」而來。此外，楊建兵認為提到墨家的「愛」，人們容易習慣性的陷入兩個誤區：

其一，以為墨家的「愛」就只強調「愛人」，是絕對大公無私的，墨家之「兼愛」是儒家之「仁」的對立面，所以，儒家之「愛」與墨家之愛是尖銳對立的，肯定此必然否定彼；其二，誤以為在《墨子》文本中對「愛」的權威界定主要集中在〈兼愛〉三篇中。其實墨家之「愛」與儒家之「愛」並無本質區別，都是聖人行美政德治的基本策略，只是具體實行的方法和順序不同而已。「兼愛」是墨家之「愛」的一部分，「親親有殺」也只是儒家之「仁」的很小一部分，所以不能把墨家的「兼愛」當做與儒家之「仁」的地位對等而含義相反的概念來看待。〔註54〕

墨家以「利」解釋「義」、以「愛」解釋「仁」，正如〈經上〉所述：「仁，體愛也。」，而墨家之「愛」是有其層次的，〈大取〉篇曰：

天之愛人也，薄於聖人之愛人也；其利人也，厚於聖人之利人也。大人之愛小人也，薄於小人之愛大人也；其利小人也，厚於小人之利大人也。

而墨家思想中之「愛」亦有針對時間與空間上的範圍與界定，誠如〈大取〉篇云：

愛眾眾世與愛寡世相若，兼愛之，有相若。愛尚世與愛後世，一若今之世人也。鬼，非人也；兄之鬼，兄也。

由以上簡易文字便可以說明墨家之「愛」範圍與廣闊性與持續性。另外，筆者歸納陽建兵於《先秦平民階層的道德理想──墨家倫理研究》〔註55〕所述，其認為準確地理解「兼愛」要避免以下四個常見的錯誤認知，筆者簡單表列於下：

〔註54〕楊建兵：《先秦平民階層的道德理想──墨家倫理研究》，頁43～44。
〔註55〕楊建兵：《先秦平民階層的道德理想──墨家倫理研究》，頁45。

第一、「兼愛」不等於「不愛己」。

第二、「兼愛」並非不要個人利益。

第三、「兼愛」不等於要求絕對無差別的對待。

第四、「兼愛」作為「周全之愛」，並非單向的不求回報，而是以對

等的公平互報為前提條件。

　　然而關於上述問題，其必然要先處理的是「兼」與「別」的概念，方能進行「兼愛」所衍伸的相關討論，在《墨子》中可以發現，與「兼」對立的即為「別」。在〈兼愛下〉篇說：

　　姑嘗本原若眾利之所自生，此胡自生？此自惡人賊人生與？即必曰非然也，必曰從愛人利人生。分名乎天下愛人而利人者，別與？兼與？即必曰兼也。然即之交兼者，果生天下之大利者與。」是故子墨子曰：「兼是也。且鄉吾本言曰：『仁人之事者，必務求與天下之利，除天下之害。』今吾本原兼之所生，天下之大利者也；吾本原別之所生，天下之大害者也。」是故子墨子曰：「別非而兼是者，出乎若方也。

　　再者，由於墨家主張「兼以易別」〔註56〕，若依《墨子》所述，兼愛的方法就是「視人若己」。簡要的說，兼愛的方法是「愛人若己」。「愛人若己」就是用自己的心去量度別人的需要或感受，將心比心去愛、待別人。「愛人若己」可以說是孔子「恕」的積極義。如：《論語・衛靈公》「其恕乎！己所不欲，勿施於人。」所云，這種對別人的設想，不要別人受害，是對別人的愛，屬於消極義。

　　另外，《論語・雍也》又云：「夫仁者，己欲立而立人，己欲達而達人。能近取譬，可謂仁之方也已。」，「能近取譬」就是能取自己的心去比別人的心。簡單的說，就是能將心比心。自愛自利，或不相愛則相賊，都是起因於自私，墨子提出兼愛是為了要解決人性自私的問題，但他的解決之道不是在祛除自私，而是要滿足人與人的自私，這才是兼愛方法所要處理的問題。〔註57〕

　　「兼愛」著重的是人與人彼此雙方的相愛相利，不是要求單方面去愛人

〔註56〕〈兼愛中〉：「子墨子曰：『非人者必有以易之，若非人而無以易之，譬之猶以水救火也，其說將必無可焉。』是故子墨子曰：『兼以易別。……』」。

〔註57〕王讚源認為：孔孟的「殺身成仁」、「捨生取義」仍然有其自私的人性在，人不為了成仁，不為了取義，請問哪一個傻子會去殺身、捨生呢？為了成仁、取義，仍然是個人高貴的自私。王讚源：《墨子》，頁196。

而不愛己，〈大取〉就明白地說：「愛人不外己，己在所愛之中。」墨子也曾引《詩經・大雅》：「投我以桃，報之以李」來說明「兼相愛交相利」。愛是以利為本質的，愛人就是要有利於人，無利於人，豈能說愛人。

張純一有相同的看法，他說：「既言愛人，必有實利於人，設無利於人，徒言愛人，非愛人也。」〔註58〕兼愛在個人實踐上是「愛人利人」，在人與人的交往上是「相愛相利」，《墨子》以「利君」釋「忠」，以「利親」釋「孝」（〈經上〉），這是以利為愛，愛利合一。而孟子說：「墨氏兼愛，是無父也。」（〈滕文公下〉）這句話影響中國兩千多年，迄今不衰。兼愛無父之說，幾乎已成為定論，然其間有誤解與曲解，不得不辯。先秦諸子對墨子思想雖有所批評，然並無兼愛無父的說法。

直到清末，汪中才以孟子為「枉墨」、「誣墨」。俞正燮說：「謂兼愛及無父是險儀。」，孫詒讓更肯定墨氏「諄諄以孝慈為本」，雖然如此，多數學者仍然堅守孟子兼愛無父的看法，只是增加了不少辯辭，但並不能澄清問題的癥結所在，因為墨子所認為「義政」是為「兼之道」，而「力政是為「別之道」，而其中問題之核心仍於在「兼」與「別」二者。

誠如〈魯問篇〉曰：「國家務奪侵凌，則語之兼愛非攻」，墨子所針對的國家之亂是由於不相愛而生，而其進而提出「兼愛」之觀念與此一方法，但是由於「兼愛」與其相關的問題，不斷的引發學界的討論。王讚源說：

> 在中國歷史上，兼愛卻是長久深受誤會的一個觀念。其主要因素，
> 一個是受孟子的影響，另一個是讀書不求甚解的結果。〔註59〕」

關於孟子的影響部分，李贄更明白的駁斥孟子的學說而張墨子的理論。孟子論墨子兼愛，病其無父；論墨子的節葬，病其薄親。李贄指出孟子「不深考其所自而言輕於立言」以及孟子「好入人罪」。李贄云：

> 兼愛者，相愛之謂也。使人相愛，何說害仁？若謂使人相愛者，乃
> 是害仁，則必使人相賊者，乃不害仁乎？我愛人父，然後後人皆愛
> 我之父，何說無父？若謂使人皆愛我父者，乃是無父，則必使人賊
> 我父者，乃是有父乎？是何異禽獸夷狄人也？豈其有私憾而故托公
> 言而售其說邪？然孟氏非若人矣。趙文肅所謂不深考其所自而輕於

〔註58〕張純一：《墨子集解》〈大取〉：「聖人有愛無利……。」句下注。臺北：文史哲出版社，1971，頁518。
〔註59〕王讚源：《墨子》，頁183。

立言是也。〔註60〕

然而由以上所述，筆者試圖於《墨子》一書中找尋其真實之意，〈經上篇〉曰：「體：分於兼也」，〈經說上篇〉又曰：「若二之一，尺之端也。」，以上說明「體」與「兼」乃是「部分」與「整體」的關係，換言之一是二的部分，線是點的整體，所以墨子的「兼」是指整體或全部之意。而墨子的「兼愛」乃是出於「天志」之「義」，更由於「天之行廣而無私」是故天是兼愛天下而沒有長幼貴賤之別，而人民應該效法「天志」，即順應「天志」以作其順應「天志」之行為，〈天志下篇〉曰：

曰順天之意何若？曰兼愛天下之人。

由〈天志篇〉所言，這裡所指的天下的整體的人，理應包含自己，進一步考察《墨子》文本中分別可以在關於「兼愛」是否等於「不愛己」此一問題，找到明顯的答案〔註61〕，《墨子》云：

愛人不外己，己在所愛之中。（〈大取篇〉）

愛人，待周愛人，而後為愛人。（〈小取篇〉）

從以上對於「兼」的定義，「兼愛天下之人」、「愛人不外己」以及「周愛人」可以簡單的歸結出「兼愛」的對象是以「整體」的天下人為對象。但是「『兼愛』是否為『無等差』的愛」呢？由於「兼愛」乃是於墨子針對其所處時代所提出的「為義方法」與「行義理論」是以有落實「兼愛」的方法，〈兼愛中篇〉曰：

然則兼相愛交相利之法將奈何哉？子墨子言：「視人之國若視其國，視人之家若視其家，視人之身若視其身。是故諸侯相愛則不野戰，家主相愛則不相篡，人與人相愛則不相賊，君臣相愛則惠忠，父子相愛則慈孝，兄弟相愛則和調。天下之人皆相愛，強不執弱，眾不劫寡，富不侮貧，貴不敖賤，詐不欺愚。凡天下禍篡怨恨可使毋起者，以相愛生也，是以仁者譽之。

「兼愛」的方法也就是說「視人之國若視其國，視人之家若視其家，視人之身若視其身。」的「愛人若己」，但這也就引發「『兼愛』是否為『無等

〔註60〕墨翟撰，李贄評，蕭天石主編：《墨子》《墨子批選》，《中國子學名著集成珍本初編墨子子部》：臺北：中國子學名著集成編印基金會，1978，550～551頁。

〔註61〕〈大取〉：「愛人不外己，己在所愛之中。己在所愛，愛加於己。倫列之愛己，愛人也。」。

差』的愛」的問題。一般來論，倘若愛是有等差的，我們必須將考慮到這是否為墨子所謂「『兼』愛」此一考量，而愛若是「無等差」的將面臨到孟子曰：「墨氏兼愛，是無父也。」此一問題，而關於此一問題，〈大取篇〉云：「二子事親，或遇熟，或遇凶，其利親也相若」，意即說明了對於「人親」與「我親」的「兼愛」之心可以相同，但是「兼愛」在實際的實踐上，必然會有所差異。但「兼愛」是否就是「無父」呢？譚嗣同針對「墨子之兼愛，亂親疏之言」給出了這樣的回應，其曰：

> 嗚呼，墨子何嘗亂親疏哉！親疏者，體魄乃有之。從而有，則從而亂之。若夫不生不滅之以太，通天地萬物人我為一身，復何親疏之有？親疏且無，何況於亂？不達乎此，反詆墨學，彼烏知惟兼愛一語能超出體魄之上而獨任靈魂，墨學之中最何以太者也。〔註62〕

李賢中更認為：

> 質疑或反對「兼愛」者所構成的情境，可能是當人之親與我之親在同一時空下，在資源有限的情況中，依兼愛精神如果當下利人之親，則必然無法有利我之親，故提出「兼愛」有害於孝道。〔註63〕

綜合上述，於此而有「無等差的愛」之「是」與「否」的二分問題，筆者十分認同與李賢中與王讚源二者對於此一問題的解釋，都是認為這是孟子認為「兼愛」即是「無父」之論，是在根本上混淆了層次，是以沒有看出「兼愛」思想有其「形而上」和「形而下」的分別所致。

由於部分學者們將「愛人若己」的「若」誤解或曲解為「相等」或「等於」〔註64〕，「愛人若己」意即用自己的心去衡量度量別人的需要與感受，將心比心的去愛、待他人，而人承「天志」而得的「兼愛」，是形而上的，是全知全能的上天對於人間的無等差之愛，是普照天下的無私的、公平的愛。

然而人去法儀「天志」的「兼愛」是人對於人的「兼愛」的實踐，這是形而下的，由於人並非全知全能的，是故必然有所等差，牟宗三亦在其〈墨子之兼愛與孟子之等差〉此篇說：

> 民情是喜利而惡害，所以他主張「愛」使有利而無害。但若各愛其所愛，則必成為各利其所利；結果，能不成其為愛。所以，不但要

〔註62〕譚嗣同：《仁學》，頁 43。
〔註63〕李賢中：《墨學——理論與方法》，頁 140。
〔註64〕王讚源：《墨子》，頁 198～200。

愛，而且要兼愛。兼即是公意、共意或合意，並非如孟子所謂「是
無父也」的兼。……所以，墨子雖然言兼愛，亦有君、親，不必以
孟子之痛罵為可據也。〔註65〕

其又言：然則其所謂之兼愛，並不涵『愛無等差』之義。孟子斥其兼愛是無
父，即示其無親親仁民愛物之差等。實則墨子之言本身並不涵此義。而此兩
義亦並不相衝突。」〔註66〕，關於上述說法，又如周富美在〈墨子的倫理思
想〉一文中指出：

墨子指出人際關係小自個人，大至國家，不外乎父子、兄弟、君臣
的倫常關係。因而，理治天下的禍亂，最根本的，便是須從理治倫
常關係做起。推而廣之，人與人之間，家與家之間，國與國之間莫
不如此，墨子何嘗泯滅倫常？〔註67〕

試言之：「兼愛是無等差又是有等差的愛」，這端看是以哪一層次以看待
之，如以「天志的形上層次」來看待「兼愛」，則「兼愛是為無等差的愛」，倘
若以「實踐的形下層次」來說明「兼愛」，則「兼愛是有等差的愛」，由「愛無
差等，施由親始」一句，就說明了「兼愛」的具有「形而上」與「形而下」的
兩層意義，這也就是〈大取篇〉中所云：「志功不可相從」、「志功為辯」的意
義，由於「志」乃是心志動機，而「功」則是事功效果，是故在「兼愛」的現
實上是有等差的，而在「兼愛」理想上是無等差的，因此「兼愛」並不如同孟
子所謂的「無父」之論。

此外，墨家「兼相愛」常與「交相利」相提並論，而墨家哲學中的「天」、
「義」、「利」、「兼愛」四者的關係是互為連鎖的，以「兼愛」作為「義」的方
法意味著是以實際的「興天下之利」為目的，李賢中云：

墨家的「兼愛」既要求實際的利益且為天下之公利；因此墨子肯定
了人際間「投我以桃，報之以李」的互動性。……墨家的「兼愛」
是超越時空的整體人類之愛、平等之愛，追求實際的利益、公利，
其方法乃愛人若己，藉著人際間的互動性與個人的主體性來完成的

〔註65〕牟宗三：〈墨子之兼愛與孟子之等差〉，《牟宗三先生全集》，第25卷，臺北：
聯經出版公司，2003，頁469～470。

〔註66〕牟宗三：〈墨子〉，《牟宗三先生全集》，第27卷，臺北：聯經出版公司，2003，
頁34～35。

〔註67〕周富美：〈墨子的倫理思想〉《墨子韓非子論集》，臺北：國家出版社，2008，
頁162。

互利之愛。〔註 68〕

於此，本節除了說明「兼愛」之相關特性與概念，更特別針對「『兼愛』是否為『無等差』的愛」的問題作出以上論述與回應，並對其之相關問題進行釐清，更將「兼愛」之意涵，作出概略式的解釋與說明，並以此作為小結。

第四節　《墨子》道德哲學中「利」概念

在中國哲學思想當中，以「利」作為「道德哲學」基礎概念是比較特殊的思想，然而墨家哲學便是將「利」作為其思想關鍵的學派，並以此進行論述，進而發展其特殊的看法，《先秦平民階層的道德理想——墨家倫理研究》一書中表示：

> 墨家的哲學範疇很豐富，屬於倫理範疇的主要有「利」、「義」、「仁」、「愛」、「兼」、「別」、「志」、「功」等。……其一，「利」本來就是現代倫理學的基本範疇，也是倫理學的最基本問題，任何一個倫理體系都不可能避而不談這個問題，對「利」的態度也是劃分倫理學流派的核心依據之一；其二，在中國古代哲學流派中，敢於明明白白言「利」並且以此為基礎建構出自己範疇體系的只有墨家，這是墨家的顯著標誌，也是準確把握墨家倫理特徵的關鍵。〔註 69〕

關於上述說法，首先考察「利」之文意，在《說文解字》中對「利」字，乃引申作「利害之利，又以『易曰：利者，義之和也』」〔註 70〕作出解釋，而《墨子》哲學的「利」概念究竟為何？考察其文本，〈經上〉云：

忠：以為利而強君也。

孝：利親也。

義：利也。

功：利民也。

利：所得而喜也。

〔註 68〕李賢中：《墨學——理論與方法》，頁 127。

〔註 69〕楊建兵：《先秦平民階層的道德理想——墨家倫理研究》，頁 39。

〔註 70〕段玉裁注：《說文解字注》，頁 180。

　　然而「利」此一概念具有極大的影響層面，考察文本中相關道德條目之見解，如：

　　〈經上〉仁，體愛也。

　　〈經說上〉仁：愛己者，非為用己也。不若愛馬。

　　〈經上〉義，利也

　　〈經說上〉義：志以天下為芬，而能能利之，不必用。

　　〈經上〉禮，敬也。

　　〈經說上〉禮：貴者公，賤者名，而俱有敬僈。焉等，異論也。

　　〈經上〉行，為也

　　〈經說上〉行：所為不善名，行也；所為善名，巧也。若為盜。

　　〈經上〉孝，利親也。

　　〈經說上〉孝：以親為芬，而能能利親。不必得。

　　〈經上〉信，言合於意也。

　　〈經說上〉信：不以其言之當也，使人視城得金。

　　〈經上〉任，士損己而益所為也。

　　〈經說上〉任：為身之所惡，以成人之所急。

　　〈經上〉勇，志之所以敢也

　　〈經說上〉勇：以其敢於是也，命之；不以其不敢於彼也，害之。

　　〈經上〉利，所得而喜也。

　　〈經說上〉利：得是而喜，則是利也。其害也，非是也。

　　上述列舉了《墨辯》中對於「利」的定義以及「利」概念影響的相關道德條目，另外在墨子文本中的「利」：共計有 303 次，論及：「銳利，鋒利。與『鈍』相對。」、「便利」、「財利，利潤。」以及「利益，好處。與『害』『弊』相對」與「有利，使有利，獲利，利於。」等，然而其中又以「利益，好處。與『害』『弊』相對」共使用 108 次，以及「有利，使有利，獲利，利於。」之 158 次於《墨子》書中使用最為頻繁。〔註71〕

　　又針對《墨子》書中，「利」字共計有 378 處。《墨子思想研究》一書將其進行了分析，針對《墨子》從〈尚賢〉到〈非命〉的 23 篇中所出現的「利」進行了統計，維護整體利益得到肯定的「利」有 160 個，維護個人私利被否定的「利」有 44 個，損害整體利以維護個人利益並得到肯定的「利」有 11

───────────────────

〔註71〕參照張仁明：《墨子辭典》，頁 279～281。

個，非道德意義的「利」有 31 個。〔註72〕

由以上我們可以發現，《墨辨》承繼亦強化《墨子》書中「利天下而為之」而欲「興天下之利」的觀念。然而《墨翟與《墨子》》表示：

利之提出是基於社會之公義的要求，人若能實踐此道德，則此利即非一己之利，亦唯人拋棄相對條件之對待與交換，利之道德價值才能彰顯，由此可以看出，利有二種，一為自私自利，二為公利，通觀墨子書上所言，他無法完全漠視人之自利心的存在，但他主張建立公利與正義的社會，行義見利，人人互利，則義之價值顯現，社會公利即可成人人謹守與追求之社會正義。〔註73〕

而蔡仁厚認為：

利、是一個類名，他本身表示一個類。繫屬於「利」這個類的財利、貨利等等，亦同樣表示一個類，一般稱之為「私利」。而扣緊私利這一種屬而言，當然亦有與私利相對的功利這一種屬。「私利」既然是不義，那末「義」當然是指「公利」而言了。因此，墨子所說之「利」，又必須加上「公的」這一狀詞來說。而公與私對，「私的」一面，是指「己的」「主觀的」而言；而「公」的一面，則指的是「他的」「客觀的」而言。〔註74〕

而在《墨子》書中關於「利」字的使用，大多以「人民之大利」、「民之利」、「天下之利」以及「國家百姓之利」…等等，於此亦即表示《墨子》所謂之「利」，必指稱「公利」無誤。孫廣德認為：

所謂公利者，即大多數人之利，充其極，則可謂整個天下人之利也。

故曰：「義：志以天下為芬，而能能利之，不必用。」，愛整個天下之人，而能善利之，是謂義。則義即整個天下人之利，義即公利也。

〔註75〕

故其言兼愛之終極目的，在於求利，不過其所求者，乃全體之大利，而非私人之小利也。〔註76〕此外，〈經上〉：「利，所得而喜也。」，〈經說上〉：「得是

〔註72〕胡子宗、李權興、李今山、齊一、吳炯著：《墨子思想研究》，北京：人民出版社，2007，頁219～220。

〔註73〕孫中原、吳進安、李賢中，《墨翟與《墨子》》，頁251。

〔註74〕蔡仁厚：《墨家哲學》，頁71。

〔註75〕孫廣德：《墨子政治思想之研究》，頁178。

〔註76〕孫廣德，《墨子政治哲學之研究》，頁166。

而喜，則是利也。其害也，非是也。」由上文可得出，「利」與「義」並非對立所存，與「利」對立的而是「害」，〈經上〉又云：「害，所得而惡也。」，〈經說上〉亦云：「害：得是而惡，則是害也。其利也，非是也。」。首先，張岱年針對中國哲學中「義」與「利」的概念進行說明，其表示：

> 義與利，是中國哲學的一個大問題。儒家尚義，以為作事只需問此行為應當作與不應當作，而不必顧慮個人的利害。墨家則以為一切行為，應以求人民之大利為目的。墨家雖最重利，然並非不講義，而且強調貴義，不過認為義利是一致的。……義即當然，亦即行為的制裁。然義之表準何在？何者為應當，何者為不應當？……一說認為應當之表準即人民之大利或人群之公利。凡有利於大多數人民之行為，即應當的；反之即不應當的。此即墨家之學說。〔註77〕

而關於《墨子》的「利」概念，梁啟超給予了這樣的解釋，其認為：

> 然則彼所謂利者究作何解耶？吾儕不妨以互訓明之，曰：『利，義也。』兼相愛即仁，交相利即義，義者宜也，宜於人也，曷為宜於人？以其合於人於用也。墨家以為凡善未有不可用者，故義即利，惟可用故謂之善，故利即義。〔註78〕

如〈經上〉篇云：「義，利也。」又云「利，所得而喜也。」，〈經說上〉篇：「義：志以天下為芬，而能能利之，不必用。」亦云「利：得是而喜，則是利也。其害也，非是也。」其更於〈貴義〉篇云：「子墨子曰：『萬事莫貴於義。』」如果可以互換其詞，可得出「利，義也。」、「義，所得而喜也。」、「利：志以天下為芬，而能能義之，不必用。」以及「義：得是而喜，則是義也。其害也，非是也。」。

關於上述，這也表示著〈貴義〉篇的內容我們就也可以這樣去理解：「子墨子曰：『萬事莫貴於利。』」，但真如梁啟超所言的「利即是義，除了利別無義」，誠如在緒論部分所述，關於「義」「利」互訓一說，似乎是可以被接受的，但是，是在於「義」、「利」可互訓其意，但非互換其詞。

再者針對愛、義、利之間的互訓與理解，我們可以在《墨子》書中找到解釋，亦如《墨翟與《墨子》》所述：

> 在《經說下》即明白提出這樣的看法：「仁，愛也。義，利也」，有

〔註77〕張岱年：《中國哲學大綱》，頁 438。
〔註78〕梁啟超：《先秦政治思想史》，頁 119。

愛必然有利。《大取》：「有愛而無利，乃客之言也」，更何況墨子並
沒有排斥自愛，在《大取》篇他說：「愛人不外己，己在所愛之中。
己在所愛，愛加於己。倫列之，愛己，愛人也」以這樣的命題主張
即墨子事蹟來說，墨子的道德實踐絕非僅以自愛為滿足，而是必須
做出兼善天下的社會關懷。〔註79〕

陳拱針對梁啟超與胡適兩人針對墨家「義」、「利」問題的理解，進行了
補充，其認為：

儒家之義乃是仁之客觀表現，亦是儒家通過對於道德理性（即仁或
天理）之自覺，並由此自覺而起實踐功夫所提煉出來的一個原則，
一個處理是而使其合理的原則。……人能在內在動機上力求純正，
然後始有行為上之合理。故行為之合理與否，必來自其動機之純正
與否。……然而，在行為動機上，固然義、利不能並存或相容，但
在行為結果上，「義」畢竟是可以涵「利」的。……由合理的行為以
求富、貴，其求的結果，必有兩種情形：其一、是求得富、貴，其
另一、是求不得富、貴。由合理的行為以求富、貴，如果求到了，
則一方面必有道德價值之利，另一方面亦必有人生現實上之利。因
為合理的行為本身即是一種道德價值上的利，而求得的富、貴卻是
一種人生現實上的利。故在合理的行為之下，這兩種利可能是同時
並有的。反過來說，由合理的行為以求富、貴，如果求不到富、貴，
則雖然得不到現實上的利，但亦必能獲得道德價值上的利。故由合
理的行為以求富、貴不論求得與否，道德價值上的利是必然有的。
由此可知，人只要有純正的動機以支配其行為，則在行為結果上一
定是有利的，有時只有道德價值上的利，有時更可以有現實上的利。
因此，我們可以確定的說：儒家之義，就其表現於行為上說，與利
絕不是不相容的。乃是必然地會產生利的。而這所謂由行為結果以
產生利，借用古人的話來說，大抵即是「義以建利」、「義以生利」、
「以義為利」的意思。〔註80〕

換句話說，陳拱之言說明了儒家之義，乃是透過內在之道德理性的自覺
之外在表現，但義利問題分別可以從行為動機說明義利相分，但以行為結果

〔註79〕孫中原、吳進安、李賢中：《墨翟與《墨子》》，頁256～257。
〔註80〕陳拱：《儒墨平議》，臺北：臺灣商務印書館，1967年，頁193～196。

來思索，是「義以涵利」，雖就於此其將墨子之利二分為「實際現實層面的利」與「道德價值上的利」，然以動機之合理性判斷，無論是否能獲取生活現實上的「利」，但若行為動機只要「合理」就必然已獲得道德價值的「利」。

　　然而涉及到關於「利」概念，必然會涉及墨家哲學中的「權」，關於此一理解將於第四章與效益問題進行同步的解釋，最後我們可以由墨子文本中，發現其關於「利」的思想特性，其在「利」概念上，特別強調的是「天下之利」之「公利」概念，但《墨子》亦沒有完全的否認「私利」，反而是其對於「私利」的了解與觀察，是故強調「公利」的重要，例如：安‧蘭德（Ayn Rand）〔註81〕提倡理性利己主義，主張：

> 我們不能否認個人慾望之間會有矛盾，但事實是一個人對於某事物具有強烈慾望並不代表他對它的占有會在客觀上給他帶來任何利益。通常，個人慾望的對象帶來更多的是壞處而不是好處。⋯⋯這裡，有兩個容易混淆的觀念需要澄清。一方面是獲得自己利益的同時導致其他人的損失，另一方面是獲得自己的利益導致他人有可能失去原本有可能得到的東西〔註82〕

誠如《墨翟與《墨子》》所言：

> 墨子在道德上要求對義利觀念的強調，及在人格理型上的實踐，使他獨樹一格，⋯⋯墨子這種以義為利的價值取向，義利一統，對於理想與現實有較持平的看法，不會偏於道德的空想與教條，而其義之基礎，則是來自於追求私利之時，更要維護社會公共之利益，將「自利心」轉化而成「公利心」。〔註83〕

其又表示：

> 墨家生活於相對的世界裡，從現實世界出發，尋找人倫之弊與社會之病，從外在的經驗上及天志權威二方面解決人心之安頓，因此義利一元絕非是境界的體驗，而是內在理則外在經驗的法則，是人與他人互動的原則，以此原則構成社會進步，因此才有天下大利之預測與追求。〔註84〕

〔註81〕另譯：艾茵‧蘭德（Ayn Rand，1905～1982）；俄語：Алиса Зиновьевна Розенбаум。
〔註82〕塔拉‧史密斯（Tara Smith）著，王旋、毛鑫譯：《有道德的利己》，北京：華夏出版社，2010，頁39。
〔註83〕孫中原、吳進安、李賢中：《墨翟與《墨子》》，頁260。
〔註84〕同上註。

亦如王冬珍所述：

> 墨子思想的主導概念，在於客觀、普遍的義道，由義道的普遍性要
> 求，所以主張兼愛；由義道的客觀性要求，所以主張實利，因此，
> 墨子言愛必及利，並且以利解釋義。因此客觀、普遍的義，就是墨
> 學的根本觀念，當其發用落實以後，便是外在具體的利。所以墨子
> 以為愛只是理論，利才是實際，愛人之事，必求利人之實，也是義
> 之所當然。〔註85〕

由於效益（功利）追求之正當性源自天志，天志是墨家生命實踐的精神
原則，也是墨家思想的根本基礎。天能保證「行為」與「結果」之必然關係，
誠如〈法儀篇〉故曰：

> 愛人利人者，天必福之，惡人賊人者，天必禍之。」曰：「殺不辜者，
> 得不祥焉。夫奚說人為其相殺而天與禍乎？是以知天欲人相愛相
> 利，而不欲人相惡相賊也。

雖然，由於天志的保證，我們在利益他人的同時，自己的利益也將獲得
實現，從而創造群體的最大利益…〔註86〕，但是據此必然涉及到《墨子》思
想中的幾大概念之詮釋與序列的問題，即「天（天志）」、「義（利）」與「兼
愛」這些核心概念的連鎖關係，因為我們必須要先了解其相互之關係與彼此
之定位，較能將墨家哲學之理論進行系統化的釐清與重詮。

本節主要說明《墨子》中關於「利」概念的基本內涵，然而透過上述所
言，我們可以發現到《墨子》文本中的「天」、「義」、「兼愛」以及「利」之作
為墨家思想中理論基礎的概念，彼此之間的關係是密不可分的，但是這四大
概念，究竟是如何彼此相互影響與其序列為何呢？試從下一章節以說明之。

第五節 《墨子》道德哲學核心概念序列之重詮

由上一章節，我們可以理解《墨子》思想中，「天」「義」、「兼愛」以及
「利」這幾個觀念在其思想中扮演著十分重要的角色，甚至可以以這幾個概
念貫串其思想的脈絡，然而究竟是什麼概念在墨家哲學中為最高的地位，如
若由《墨子》文本來看，如〈天志〉有云：

〔註85〕王冬珍：《墨子思想》，頁70。
〔註86〕陳弘學：〈效益作為行動之準據──關於墨家功利思想的重釋〉，頁212。

子墨子言曰：「我有天志，譬若輪人之有規，匠人之有矩，輪匠執其規矩，以度天下之方圓，曰：『中者是也，不中者非也。』今天下之士君子之書，不可勝載，言語不可盡計，上說諸侯，下說列士，其於仁義則大相遠也。何以知之？曰我得天下之明法以度之。

〈天志下〉篇云：

故子墨子置天之，以為儀法。非獨子墨子以天之志為法也，於先王之書大夏之道之然：「帝謂文王，予懷而明德，毋大聲以色，毋長夏以革，不識不知，順帝之則。」此語文王之以天志為法也，而順帝之則也。且今天下之士君子，中實將欲為仁義，求為上士，上欲中聖王之道，下欲中國家百姓之利者，當天之志，而不可不察也。天之志者，義之經也。

又如〈法儀篇〉所言：

天之行廣而無私，其施厚而不德，其明久而不衰，故聖王法之。

在《墨子》文本中，可以理解到在其哲學中最高的道德根源與標準，即：「天志」，然而若「天志」為最高之準則以及其思想之根源後呢？第二序列該是「義」或是「兼愛」呢？據此再以《墨子》文本思想翻查，〈天志中〉又曰：

子墨子曰：「吾所以知天之貴且知於天子者有矣。曰：天子為善，天能賞之；天子為暴，天能罰之；天子有疾病禍祟，必齋戒沐浴，潔為酒醴粢盛，以祭祀天鬼，則天能除去之，然吾未知天之祈福於天子也。此吾所以知天之貴且知於天子者。不止此而已矣，又以先王之書馴天明不解之道也知之。曰：『明哲維天，臨君下土。』則此語天之貴且知於天子。不知亦有貴知夫天者乎？曰：天為貴，天為知而已矣。然則義果自天出矣。」

「子墨子置天之，以為儀法。」這就是以「天」為法，而「天子為善，天能賞之；天子為暴，天能罰之」這是肯定了「天為貴」、「天為知」的崇高地位，「天為貴，天為知而已矣。然則義果自天出矣。」一句可以發現，之後所言的「義果自天出」，似乎可以將「義」設定為「天」之所從出，然而其後於〈天志下〉又云：

是故子墨子言曰：「戒之慎之，必為天之所欲，而去天之所惡。曰天之所欲者何也？所惡者何也？天欲義而惡其不義者也。何以知其然也？曰義者正也。何以知義之為正也？天下有義則治，無義則亂，

我以此知義之為正也。

〈天志上〉亦云：

> 然則天亦何欲何惡？天欲義而惡不義。然則率天下之百姓以從事於義，則我乃為天之所欲也。我為天之所欲，天亦為我所欲。然則我何欲何惡？我欲福祿而惡禍祟。若我不為天之所欲，而為天之所不欲，然則我率天下之百姓，以從事於禍祟中也。然則何以知天之欲義而惡不義？曰天下有義則生，無義則死；有義則富，無義則貧；有義則治，無義則亂。然則天欲其生而惡其死，欲其富而惡其貧，欲其治而惡其亂，此我所以知天欲義而惡不義也。

上兩段文本，在「天下有義則治，無義則亂，我以此知義之為正也。」以及「天下有義則生，無義則死；有義則富，無義則貧；有義則治，無義則亂。」二句，此二句更說明了天下與「義」與天之「好惡」的關係（天欲義而惡不義也），即「天下欲治」則必須要有「義」，「義」為「天下治」的充分必要條件，若「無義」則天下亂，而由於「義是天之所從出」，而人必須法天（莫若法天），則亦代表著人必須法「義」而「為義」、「行義」，誠如〈貴義篇〉云：「萬事莫貴於義。」。又云：「義者，天下之良寶也。」。〈天志篇〉亦云：「義者，政也。」。〈天志篇〉云：「義者，天下之大器也。」。然而就「法天」、「順天之意」而言，《墨子》的「天」有著另一個行為，那就是「天」的「兼愛」行為，如〈天志上〉所說：

> 然則何以知天之愛天下之百姓？以其兼而明之。何以知其兼而明之？以其兼而有之。何以知其兼而有之？以其兼而食焉。何以知其兼而食焉？四海之內，粒食之民，莫不犓牛羊，豢犬彘，潔為粢盛酒醴，以祭祀於上帝鬼神，天有邑人，何用弗愛也？且吾言殺一不辜者必有一不祥。殺不辜者誰也？則人也。予之不祥者誰也？則天也。若以天為不愛天下之百姓，則何故以人與人相殺，而天予之不祥？此我所以知天之愛天下之百姓也。

〈天志上〉又云：

> 奚以知天兼而愛之、兼而利之也？以其兼而有之、兼而食之也。今天下無大小國，皆天之邑也。人無幼長貴賤，皆天之臣也。

〈天志下〉亦曰：

> 曰順天之意何若？曰兼愛天下之人。何以知兼愛天下之人也？以兼

　　而食之也。何以知其兼而食之也？自古及今無有遠靈孤夷之國，皆
　　犓豢其牛羊犬彘，絜為粢盛酒醴，以敬祭祀上帝山川鬼神，以此知
　　兼而食之也。苟兼而食焉，必兼而愛之。譬之若楚、越之君，今是
　　楚王食於楚之四境之內，故愛楚之人；越王食於越，故愛越之人。
　　今天兼天下而食焉，我以此知其兼愛天下之人也。

　　《墨子》思想中對「天」的尊崇與其崇高的地位是其思想的一大特色，
因為「天之行廣而無私，其施厚而不德，其明久而不衰，故聖王法之。」，因
此社會之倫理道德的根源都來自於天、而人必須法於天。李紹崑將此內容稱
為「客觀的倫理觀」〔註87〕，其具備三種天的特性：廣泛性、深厚性和持久
性。

　　然而「兼愛」思想的基礎建立在「以天為法」，墨子認為天下之所以亂，
是因為「不相愛」。〈兼愛中〉說：「凡天下禍篡怨恨其所以起者，以不相愛生
也。」人為什麼不相愛？〈兼愛上〉說：「天下兼相愛則治，交相惡則亂。」
〈兼愛下〉更說：「交兼者，果生天下之大利者與。」〈兼愛中〉說：「愛仁者
人必從而愛之，利人者人必從而利之。」所以〈魯問〉說：「交相愛，交相恭，
猶若相利也。」。

　　「兼愛」著重的是人與人彼此雙方的相愛相利，不是要求單方面去愛人
而不愛己，〈大取〉就明白地說：「愛人不外己，己在所愛之中。」墨子也曾引
《詩經・大雅》：「投我以桃，報之以李」來說明「兼相愛交相利」。愛是以利
為本質的，愛人就是要有利於人，無利於人，豈能說愛人。

　　誠如〈天志〉中所述：「天之愛天下之百姓也」；「順天之意何若？曰兼愛
天下之人。」換言之，「義故是天之所從出」而「兼愛」是天兼愛天下的表現，
若人必須以天為法，勢必亦要「兼愛」天下之人，然而就是天是先「兼愛」天
下，才將「義」將其所從出，還是天志先將「義」由其所從出後，才「兼愛」
天下？這個時間先後上的問題並不可以由其文本中所理解出來，所以以時間
先後順序來看到「兼愛」與「義」的序列，似乎是沒有意義的。

　　但是若將「兼愛」與「義」二者與「天（天志）」此三種核心概念的關係
上來看其序列，是具有其相互的連鎖作用，筆者將以這幾個核心概念作一簡
單的分析，由於「天」欲「興天下大利、除天下之害」，而其〈經上篇〉又云：

〔註87〕李紹崑：〈墨子思想〉，《中國哲學辭典大全》，韋政通主編，臺北：牧童出版
　　　　社，1983，頁790。

「義，利也。」；〈經說上篇〉云：「義，志天下為芬，而能能利之，不必用。」。

　　另外在《墨子》書中亦十分常見以「兼相愛，交相利」並舉，墨子由「天志」推導出「萬事墨貴於義」，再言：「兼即仁矣，義矣。」，更倡導「兼愛」、「貴義」、而曰：「義，利也。」，將以仁義涵利，再將「兼相愛，交相利」並舉；正可說明概念可以互通一論，考察《墨子》中關於「兼相愛、交相利」「兼愛相利」〈兼愛中〉、〈兼愛下〉、〈天志上〉、〈非命上〉共使用九次。以此使用頻率上來看，便說明其所謂之「全體大利」，則是以「兼相愛，交相利」為出發之取向。

　　然而在著手討論其連鎖的序列不得不將《墨子》中所論的「利」概念再進行簡易相關的探討，然而在《墨子》中「義利」問題上的「利」一直以來都是學者們關注的重點，此「義利之辯」的論題在歷史上、學界中廣為探討，但究竟墨家哲學中的義利問題究竟與儒家思想中有什麼異同之處呢？從《墨經校詮》所言：

> 儒家以義利為相反之物，墨家以義利為相成之物者，蓋儒家所謂利，乃一人之私利，墨家所為利，乃天下之公利也。墨家所云：『義，利也』者，謂其心以利天下為自己之職分，其才能又能利天下，故曰：『志以天下為芬，而能能利之。』至於利天下之功，係乎見用於世。見用於世，屬於人不屬於自己。而義之界說，則在乎己不在乎人。所以見用於世而成利天下之功，在義字界說之外。故曰：『不必用。』見用而有利天下之功，仍不失為義也。〔註88〕

　　周富美認為：「義」與「利」根本就是一回事。凡是除了問「應該」「不應該」之外，還要更進一步問「有利」「無利」。在墨家看來，「有利」的就是「義」的；「無利」的就是「不義」的。〔註89〕而在《墨子》文本中，如〈貴義〉篇所言：

> 子墨子曰：「萬事莫貴於義。今謂人曰：『予子冠履，而斷子之手足，子為之乎？』必不為，何故？則冠履不若手足之貴也。又曰：『予子天下而殺子之身，子為之乎？』必不為，何故？則天下不若身之貴也。爭一言以相殺，是貴義於其身也。故曰，萬事莫貴於義也。

〈耕柱〉篇又曰：

〔註88〕高亨：《墨經校詮》，頁38。
〔註89〕周富美：〈墨子的實學〉，頁90～91。

今用義為政於國家，人民必眾，刑政必治，社稷必安。所為貴良寶者，可以利民也，而義可以利人，故曰，義天下之良寶也。

換言之，《墨子》思想中之「義利」關係，又如〈經上〉所述：「義，利也。」之具有「義利互涵」之意，其二，義為廣義之利（而廣義之利亦有公私之分，墨子所強調的乃是公利），另，〈經說上〉：義：志以天下為芬，而能能利之，不必用。據此，故有其三，義為公利（廣義之功利為之義），誠如梁啟超在《子墨子學說》中說：「墨子所以斷斷言利者，其目的故在利人」〔註90〕。換言之，墨子的「義」可以肯定的是「公利」乃無誤之見。

然而，《墨子》中「天」、「義（利）」與「兼愛」的關係可能是怎麼樣的關係呢？方授楚提出了一個十分有趣的理解，其言道：

墨子倡兼愛、貴義，是以仁（兼愛即仁也。）、義為社會道德之總目，倫理建設之總綱也。仁必涵利，故將「兼相愛交相利」並舉；義即利，故約「義，利也」……。余意仁義就主體言，同屬內，就對象言，同屬外，固亦可通。……所謂仁義為倫理道德之總綱目者，意即一切倫理道德，均以仁義為根本，換言之，即一切倫理道德，均涵於仁義之中，可由仁義引申導出也。乃因仁，愛也，義，利也，任何倫理道德，無非以愛人之心理作利人之行為，忠也，孝也，節儉也，和平也，莫不如此，只是因其適用之方面不同而有不同之名稱耳。〔註91〕

然而《墨學：理論與方法》一書中更認為：「天」此一價值根源具有普遍性、客觀性、明確性與持久性。〔註92〕……也就是「天」要人以「義」為價值原則。〔註93〕據此，其更進一步表示：

一切的倫理即價值規範，皆由「天志」演繹而來，從肯定「法天」之效果面而言，把「天之理」轉化為義，為人倫世界之價值，為人人所共同接受與實踐的標準，義不僅是客觀之理，由內化而內在，進一步而構成人我互動的內在道德基礎。〔註94〕

綜上所述，我們可以理解到《墨子》一書中所言之上述四大根本概念之

〔註90〕梁啟超：《先秦政治思想史》，頁119。
〔註91〕方授楚：《墨學源流》，頁182～183。
〔註92〕李賢中：《墨學——理論與方法》，頁131。
〔註93〕同上註。
〔註94〕孫中原、吳進安、李賢中：《墨翟與《墨子》》，頁244。

重要性，然而筆者更試圖將「天」、「義」、「兼愛」與「利」這四個可以相互援引、彼此互通之概念作一釐析。據此，筆者試圖將上述概念之序列作一推論以分析其關係，將會有下述的幾種可能性：

一、「天」為至高、至善的「價值根源」，而能以「萬事莫貴於義」、「義果自天出」推導出人必須以「義」作為「價值原則」，而透過而「義果自天出」使得「義」成為《墨子》中「天」之內容，是為墨學觀念中的理論基礎之一，而貫串其思想系統。而墨子的學說，實有其形式的系統，誠如《墨子》之「十論」〔註95〕的方法，在其中又以「兼愛」思想做為「天」的「具體行為」與表現，人亦必須效法之「行為準則」與「實踐方法」，因為人必須要「法天」、「尚同於天」，其根本目的在於謀求「天下大利」〔註96〕。

二、「天」為至高、至善的「價值根源」，而天的具體行為是兼愛天下的，這裡的「兼愛」是由形上世界落實到形下社會的，然而人們必須要效法於天的行為以作為「行為準則」，而其中的原則仍然是以出於天的「義」作為人為的「道德原則」，人以作為「為義」的行為必須合於天志，而人以作為「為義」的目的仍是「天下大利」作為終極目的，由於人為行為者的「兼愛」不同與天的「兼愛」，此即前文所謂之「有等差與無等差的兼愛」，但是人必須要法天之志。換言之，因為「天」是「兼愛」的，而人必須要效法於天，所以人要「兼愛」，又因為「兼愛」會使得「天下大利」（兼相愛，交相利），而「天下大利」作為《墨子》思想的終極目的，所以人必須要「兼愛」。

三、「天」為至高、至善的「價值根源」，而「天」的「目的」是「天下大利」，「天」給予天下人的「道德原則」是「萬事莫貴於義」，而「天」的具體行為是「兼愛」天下，在民間社會之中人效法「天志」而「兼愛」彼此的行為是符合「義」的原則，而且「兼愛」是「利及天下」的，所以要人要符合、效法由「天所從出」的「義」的原則，如此方能合於天之法（法儀）。

─────────────

〔註95〕〈魯問篇〉云：「子墨子曰：「凡入國，必擇務而從事焉。國家昏亂，則語之尚賢、尚同；國家貧，則語之節用、節葬；國家說音湛湎，則語之非樂、非命；國家遙僻無禮，則語之尊天、事鬼；國家務奪侵凌，即語之兼愛、非攻，故曰擇務而從事焉。」

〔註96〕筆者按：另外在行為與情境發生時，將會碰觸到「認知」與「推論」的倫理行為的推論與判斷，基本上在認知與推論活動時，亦必須合於「三表」與「墨辯」之類推，判斷的取捨必合於周全的考慮下所形成的選擇，如〈大取〉：「於事為之中，而權輕重之謂求。」。即「權」而「求」。而涉及此一問題，為避免模糊焦點，留待於下一章節已進行討論之，特此示之。

　　以上透過幾種不同的詮解，可以說明《墨子》書中「天」、「義」、「兼愛」、「利」的相互關係，不論是以「天志」為「道德根源」，以「義」為「道德原則」以「利」為終極目標的「兼愛」倫理思想，亦或是以「天志」為「道德根源」，以「兼愛」為「為義」原則以「利」為終極目標的「貴義」倫理思想，亦或是以「天志」為「道德根源」，以「義」為「得天下大利」的原則，得以「兼愛天下」為終極目標的「交相利」倫理思想。

　　然就上述所論，《墨子》是以「天」為「價值根源」，而「義」作為聯繫天人關係「價值原則」，以「兼愛」作為天的「行為」的具體表現，而由人法之，以「利」作為「天」所欲之「天下大利」作為「目的」，此即具有「天」具有其「原則」而有其「動機」、「行為」與「目的」。

　　換言之，我們可以以《墨子》思想中「天」出發，再進而得到幾個簡單的結論，即：（一）「天」乃是其思想的價值根源，即最高原則與基礎；（二）「義」乃是「天」要人以其為「價值原則」；（三）「兼愛」乃是「天」兼愛天下的「具體行為」與表現，人亦必須效法之「行為準則」；（四）「利（天下大利）」乃是「天」利及天下百姓的「終極目的」。

　　關於上述四點中所提及《墨子》中的「天」，大抵而言其作為《墨子》道德哲學的理論根源或者大前提，以及以其「利」的作為終極目的或結論，基本上應是合理的，但是關於「義」與「兼愛」即「價值原則」與「行為準則」的相互關係，正如「道德行為」必然涉及其「道德意志」，「道德意志」基本上根據「道德原則」，但是二者的互動關係類似一般所謂「知」與「行」，即「知」與「行」合為一體，人效法「兼愛」作為行為準則而行為，此「兼愛行為」即「為義」行為，此二者互動之關係，在理論結構上，二者並沒有強與弱的關係，正如「義」與「利」、「兼愛」與「利」，均來自與「天」，行「義」而得「利」；行「兼愛」而得「利」，行「義」即符合「兼愛」之「行為準則」行「兼愛」之行為準則，則符合「義」之道德原則，而其中有著特別的一點是在於「兼愛」在《墨子》一書中亦是其治世方法之一，另外具有著一種的「方法的特性」〔註97〕。

〔註97〕〈魯問篇〉曰：「子墨子曰：『凡入國，必擇務而從事焉。國家昏亂，則語之尚賢、尚同；國家貧，則語之節用、節葬；國家憙音湛湎，則語之非樂、非命；國家遙僻無禮，則語之尊天、事鬼；國家務奪侵凌，即語之兼愛、非攻，故曰擇務而從事焉。』」。

　　最後，關於上述「天」、「義」、「兼愛」以及「利」都扮演著《墨子》思想中的核心概念，我們可以其中發現其思想裡有著扮演著關鍵性的概念，即「法天」概念。這也就是說，若「義自天出」、「天兼愛天下」以及「天欲天下利」，其中的「義」、「兼愛」以及「天下大利」的「價值根源」都是「天」，因為上述三者，不論是在「原則」、「行為」或「動機」與「目的」均來自於「天」，而人都必須效法於「天」，因為「義」出於「天」，所以人要以「義」為「原則」、「兼愛」的「行為」是「天」的「行為」，人要「法天」，所以人要「兼愛」，又因為「天」是「利天下」的，人要「法天」，所以人要「利天下」，如此一來「義」、「兼愛」與「利」這些概念都包含於「天」，是互為援引、各司其職的。

第四章 《墨子》道德哲學與古典效益主義問題之釐析

關於《墨子》道德哲學的問題與釐清部分，有著幾點比較關鍵的問題，透過文獻探討的篇章，首先就會碰觸到「『墨家哲學』是否能以『效益主義』或『實用主義』的思維下去理解或者等同」的這個問題？

如前所述，研究墨家思想會發現到，墨家思想是重視實際社會現象的一門理論，而墨家更是重視實踐的一個學派，凡事行義、為義必求「天下之利」亦必「法天」而行「兼愛」其欲求「兼相愛、交相利」的完善天下，此即必定涉及墨家所求的「天下大利」，然而針對墨家「天下大利」的觀點就必須在此一篇章進行釐清，由於此一問題於學界中最常見的便是將《墨子》思想與效益主義進行討論，也就是「『墨家哲學』是否能以『效益主義』或『實用主義』的思維下去理解或者等同」的這個問題，而針對此一問題學者們提出了許多不同的看法，去理解兩個學說彼此的相似度或以等同認知，或者全盤接受，或者全面推翻而發展不同的定義。

有鑑於此，筆者將此一問題的討論範圍限縮並且聚焦在墨家哲學與古典效益主義〔註1〕這兩大學說中的幾個關鍵點，其一即《墨子》思想中與古典效益主義中之基本差異與前人研究結果與反思，再者進一步討論所謂「天下大利」與「大多數人的最大善」中的「整體」與「部分比例」的相關問題，例

〔註 1〕筆者按：此處之「古典效益主義」乃是特指邊沁（Jeremy Bentham AD1748～1832）以及彌爾（John Stuart Mill AD1806～1873）二位哲學家之時代，即 18世紀至 19 世紀之際。

如：效益主義中「幸福（善與惡）」的可「量化」或可計量與《墨子》思想中「天下之利」的可否量化性，而在墨家思維中似乎包括「不可分割的全體大利」與「可犧牲取捨的利」的判斷問題與原則，再者以所謂嚴靈峰較客觀的方式「時空背景」的歷史性，看待二者的基本的歷史背景，進而理解二門學說在價值根源的異同、判斷標準的差異……等，以進行全面性的釐清。

第一節 《墨子》道德哲學與古典效益主義之探討：以前人研究結果與反思為論

本章節探討的效益主義範圍，是以梁啟超《子墨子學說》第二章論〈墨子之實利主義〉〔註2〕以及《墨子學案》第三章專論〈墨子之實利主義及其經濟學說〉〔註3〕（此二處所謂之「實利主義」亦即「功利主義」），誠如陳弘學認為：「梁啟超先生《子墨子學說》、《墨子學案》、《墨經校釋》等書可視為墨學研究現代化的奠基之作，但在「功利思想」這個議題方面仍顯不足。」〔註4〕；有鑑於此，筆者於此之討論乃是特指東方學界對於《墨子》哲學與邊沁、彌爾二人之古典效益主義學說作為開展與反思。

基本上，效益主義必然有其「最大幸福原則」，而然有其原則，則必然有其原理，即：「功利原理」。邊沁在其著作《道德與立法原理導論》一書說：

> 功利原理是指這樣的原理：它按照看來勢必增大或減少利益有關者之幸福的傾向，亦即促進或妨礙此種幸福的傾向，來贊成或非難任何一種行動。〔註5〕

邊沁認為效益主義的核心內容是其效益原則，其對效益原則的界定是：

> 它按照看來勢必增大或減小利益有關者之幸福的傾向，亦即促進或妨礙此種幸福的傾向，來贊同或非難任何一項行動。我說無論什麼，因而不僅是私人的每項行動，而且是政府的每項措施。〔註6〕

〔註2〕梁啟超：《子墨子學說》，頁18～29。

〔註3〕梁啟超：《墨子學案》，頁27。

〔註4〕陳弘學：〈效益作為行動之準據──關於墨家功利思想的重釋〉，頁202。

〔註5〕邊沁著，時殷弘譯：《道德與立法原理導論》，北京：商務印書館，2000，頁59。

〔註6〕邊沁著，時殷弘譯：《道德與立法原理導論》，頁58。原文為：「By utility is meant that property in any whereby it tends to produce benefit, advantage, pleasure, good, or happiness (all this in the present case comes to the same thing), or (what

考察前人對於墨子哲學與效益主義的理解，可以幫助我們對「《墨子》道德哲學之『利』與效益主義之『效益』」之差異」此一問題進一步的釐清，在近代思想史上，很多學者如梁啟超、馮友蘭、胡適、梅貽寶……等學者對於「兼愛」定性時，無一例外地將墨子的倫理歸入功利主義。

有鑑於此，基本上筆者先將大多數學者，將墨家哲學是否為效益主義這個問題簡易分為二類：第一類是認為墨家哲學就等同於或類似效益主義（實利主義、應用主義）；第二類是提出墨家哲學不同於效益主義（或者反對以效益類比）的看法，再以此二類進行探討之。

首先將墨家哲學歸類為效益主義一類的學者，如：梁啟超，其於光緒二十八年之《新民叢報》中，引用加藤弘之（1836～1916）「利己主義」一詞闡述墨子思想。〔註7〕其又在《墨子學案》中第三章〈墨子之實利主義及其經濟學說〉中，認為墨子之主張為「實利主義」。〔註8〕其更在其所著之《墨子學案》一書中認為：

> 凡事利於最大多數者謂之利，利於少數者謂之不利。…英人邊沁主張樂利主義，拿「最大多數之最大幸福」做道德標準，墨子的實利主義，也是如此。〔註9〕

胡適亦在其《中國古代哲學史》云：

> 墨子以為無論何種事物、制度、學說、觀念，都有一個「為什麼」。換言之，事事物物都有一個用處，知道事物的用處，方才可以知道他的是非善惡。為什麼呢？因為事事物物既是為應用的，若不能應用，便失去那事那物的原意了。……這便是墨子的「應用主義」，「應用主義」又可以叫做「實利主義」〔註10〕。

牟宗三以中國古代哲學家看待周文的態度來說：

> 墨子是以否定的態度來看周文。墨子的那一套思想史是以功利主義的態度來看周文，所以主張非儒、非樂、節葬……等，……所以墨

comes again to the same thing) to prevent the happening of mischief, pain, evil, or unhappiness to the party whose interest is considered: if that part by the community in general, then the happiness of the community; if a particular individual, then the happiness of that individual.」。

〔註7〕梁啟超：〈加藤博士天則百話〉，《新民叢報》，21，橫濱，1902年，頁51～61。
〔註8〕梁啟超：《墨子學案》，頁27～45。
〔註9〕梁啟超：《墨子學案》，頁40～43。
〔註10〕胡適，《中國古代哲學史》，頁126。

　　子落在樸素的功利主義思想。〔註11〕

在上段引文中牟宗三說：「墨子的那一套思想史是以功利主義的態度來看周
文，所以墨子落在樸素的功利主義思想」。但是，其又於〈《墨學研究》序〉一
文中表示：

> 常謂治先秦諸子，當先通曉其文化傳統之背景，藉以理解其立說之
> 所以，以及其見地之偏正；次當確定理解其內部義理之原意，以及
> 其開展之系統；最後當予以批評之省察，疏導其通義，以明其在人
> 生真理上之地位，及其在時代上之意義。蓋諸子之學，乃中國文化
> 生命自本自根之發皇，純為本土之所生長，而非有外來文化之刺激
> 與影響者。……又諸子之學不同其他，皆是發之於獨特生命之獨特
> 思想。故既有其文化生命之根源性，亦復有其個人生命上之根源性。
> 故皆足成家，而非雜湊襲取以成者。成家者，有根源性與系統性之
> 謂也。〔註12〕

　　然而在這段引文中，其又說明了「中國文化純為本土之所生長，而非有
外來文化刺激與影響者……又諸子之學不同其他，皆是發之於獨特生命之獨
特思想。」，在這裡有趣的是：「代表著墨家哲學就並非是以西方效益主義的
思想可以代替的」，而筆者以為在這個思考點上，有著耐人尋味的地方。此外，
馮友蘭亦認為：

> 功利主義為墨子哲學之根本，但墨子雖注重利，而未言何須重利。
> 《墨經》則更進一步，與功利主義以心理的根據…故功利主義為吾
> 人之正當標準也。〔註13〕

　　然而，功利主義起源於人的道德直覺，關注的核心問題就是「普世幸福」
〔註14〕，而面對此一問題，勞思光說：

> 墨子思想之中心，在於『興天下之利』。『利』指社會利益而言，故
> 其基源問題乃為：『如何改善社會生活？』此『改善』純就實際生活
> 情況著眼，與儒學之重文化德性有別」。故墨子學說第一主脈為功利
> 主義。……其又言：「此皆謂『兼愛』為必可實行，亦必可收效之主

〔註11〕牟宗三：《中國哲學十九講》，上海：上海古籍出版社，2005，頁50～51。
〔註12〕牟宗三：〈《墨學研究》序〉，《牟宗三全集》，頁191。
〔註13〕馮友蘭：《中國思想史》，頁310。
〔註14〕唐納德‧帕爾瑪著，黃少婷譯：《倫理學導讀》，上海：上海社會科學院出版
　　　　社，2013，頁164。

張。其所以如此,則因為墨子本以實效觀點提出此說。故其功利主
義之思想亦由此逐漸透露出。」〔註15〕

蔡仁厚如同勞思光一樣在文化觀的視角下認為:

> 他為了愛利天下而主張『兼愛』,為了反對虧人自利而主張『非攻』
> 等等…是純粹功利實用主義立場〔註16〕

另外,《墨學之省察》一書中認為墨家為了安頓天下則說:「墨子思想原是一
種實用主義、功利主義的思想,整個只是為了利天下或即安頓這個現實世界
的。」〔註17〕,除此之外,又有以權威主義的是視角下認為墨家哲學仍是效
益主義的看法,如王邦雄所認為:

> 由此看來,將天志視為兼愛之價值根源,只表示兼愛是應行的,至
> 於兼愛是否可行,如何可行,最後便訴諸一種政治的強制力,以此
> 而獲致天下之大利。此見墨子之思想實以功利主義為優先考慮,而
> 以權威主義證成此功利之實現。是以兼愛所代表之功利主義,實乃
> 墨子思想之中心。〔註18〕。

而馮達文、郭齊勇在其《新編中國哲學史》更認為:「就性質而言,儒家之仁
愛學說是一種徹底的義務論,墨家的兼愛論因對實際利益和後果的重視而呈
現出功利主義的色彩。」〔註19〕王讚源亦認為:

> 西洋功利主義(Utilitariamism)發展到今天雖然有不少派別,但這
> 一主義的基本論點仍然是「最大多數的最大幸福」,也就是功利的儘
> 量增加與反功利的儘量減少…墨子的兼愛和貴義思想,是基於功利
> 主義…所以我說墨子提倡的是理性的功利主義。〔註20〕

而陳癸淼的看法則是墨家之功利主義比邊沁「最大多數之最大幸福」更
徹底,其在《墨辯研究》一書中表示:

> 經以「利而強君」為「忠」,「利親」為「孝」,「利民」為「功」,經
> 說上云:「愛民者,非為用己。」「義:志以天下為分,而能善利之。」

〔註15〕勞思光:《新編中國哲學史》,頁279~281。
〔註16〕蔡仁厚:《墨家哲學》,頁62~65。
〔註17〕陳問梅:《墨學之省察》,頁273。
〔註18〕王邦雄編:《中國哲學史》上冊,臺北:里仁書局,2005,頁158。
〔註19〕馮達文、郭齊勇編:《中國哲學史》上冊,臺北:洪葉文化事業有限公司,2005,頁64。
〔註20〕王讚源:《墨子》,頁254。

「孝：以親為分，而能善利親，不必得。」由此可見，墨家雖是十足之功利主義者，然其功利，非求一己之功利，乃是利他的功利主義。而是不求報，不求得，不求於己有用之利他主義。同時又主盡愛天下人（《經下》七十二條）以使天下人得利而喜（《經上》：「利：所得而喜也。」）故墨家之功利主義比邊沁「最大多數之最大幸福」更為徹頭徹尾且到家，利他的功利主義是墨家道德思想之本質所在，與儒家理性的理想主義相映成趣。〔註21〕

孫廣德則引用《墨子》中〈辭過〉篇認為：

凡費財勞力，不加利者不為也」與〈非樂上〉：「利人乎即為，不利人乎及止」，此二句認為：主張凡是求其功利，以有無功利作為與不為之標準，其說與英哲邊沁（Jeremy Bentham）之功利主義（Utilitarianism）相似。…凡是主張需注重其效果，以效果判斷知識與行為之是非，除與邊沁功利主義之精神一致外，又與美哲杜威（John Dewey）之實驗主義（Experimentalism）相似。故兼顧二義，合功利與實驗兩名，而稱墨子之說為實利主義。〔註22〕

以上由許多學者提出「墨家哲學是效益主義（實利主義；應用主義）」……等等的看法，但是亦有著許多學者並不同於上述的說法，也分別的給予了回應，亦有著學者針對自己對於墨家哲學與效益主義論述，再給予探討與澄清的立場，首先以二者學說不同的核心思想部分，說明墨家哲學與效益主義並不相同的看法，例如譚宇權認為：

將墨子思想與『為謀求大多數的最大幸福』之『功利主義』相比，墨子兼愛的結果，似乎只為達到國富、民眾、刑治、社稷定；飢者得食、寒而得衣、勞而得息的『安定』生活而已，而與西方功利主義以『快樂』或『幸福』為核心的思想不完全相同。〔註23〕

譚宇權試著從核心思想中的不完全相同之處看待此一問題，然而李賢中引用譚宇權《墨子思想評論》一文中對於《墨子》中原有的基本精神與結構發展的細密體系下，進一步表示：

由於各種思潮理論所建構的情境已與墨子的時代不同，因此所觀察

〔註21〕陳癸淼：《墨辯研究》，臺北：臺灣學生書局，1977，頁231～232。
〔註22〕孫廣德：《墨子政治哲學之研究》，頁29～30。
〔註23〕譚宇權：《墨子思想評論》，頁132。

到的現象、所提出的問題與解決的方案也會有所不同，透過相互的比較，可使墨子思想在其原有的基本精神與既有的結構下，發展為更細密的思想體系。〔註24〕

此外，《墨翟與《墨子》》一書中針對效益主義與墨家哲學的價值源頭與價值原則的角度上，更給了這樣的回應：

> 由於效益主義是以行為的後果來確立行為的價值，墨家哲學雖然有
> 許多地方與效益主義所強調的結果論相似，但是，若追溯到價值的
> 源頭『天志』，或者重要的價值原則『義』時，則墨家倫理思想並不
> 能輕率的歸於效益主義〔註25〕

張耀南更認為「中國哲學沒有效益主義」而表示：

> 中國哲學講求以「義」為目的而以「利」為手段、講求以「利他」
> 為目的而已「利己」為手段、講求以「利物」為目的而以「利人」
> 為手段，故中國哲學沒有「功利主義」。〔註26〕

然而，功利原則作為功利主義的核心，就是我們選擇的行為應該是大多數人謀求最大限度的幸福。〔註27〕邊沁認為：如果利益有關者是一般的共同體，那就是共同體的幸福，如果是一個具體的個人，那就是這個人的幸福。〔註28〕據此亦有以「利」的角度區分墨家哲學與效益主義的看法，而錢新祖在《中國思想史講義》中認為：

> 如從「利」的角度區別出兩者。西方的功利主義所提倡的利是以自
> 我利益（enlightened self-interest）為前提的，可是墨子講的利乃是
> 利他主義性質的，沒有個人的位置的。〔註29〕。

但是，面對其以「利」二分效益主義與墨家哲學的看法似乎亦有可探討的地方，但筆者以先針對其所言之：「墨子講的利乃是利他主義性質的，沒有個人的位置的」一句進行理解。據此，考察〈天志下篇〉曰：曰順天之意何若？曰兼愛天下之人。由〈天志篇〉所言，這裡所指的天下的整體的人，理應

〔註24〕 李賢中：《墨學——理論與方法》，頁85。
〔註25〕 孫中原、吳進安、李賢中：《墨翟與《墨子》》，頁362。
〔註26〕 張耀南：〈論中國哲學沒有「功利主義」——兼論「大利主義」不是「功利主義」〉，《北京行政學院學報》，第二期，北京，2008，頁101。
〔註27〕 唐納德・帕爾瑪著，黃少婷譯：《倫理學導讀》，頁147。
〔註28〕 邊沁，《道德與立法原則導讀》，北京：商務印書館，2015，頁59。
〔註29〕 錢新祖：《中國思想史講義》，北京：東方出版社，2016，頁120。

包含自己，再進一步考察〈大取〉篇中云：

> 愛人不外己，己在所愛之中。己在所愛，愛加於己。倫列之愛己，
> 愛人也。

在這裡我們分別可以在關於證明「兼愛」不等於「不愛己」的文本中，清楚的找到可以回應錢新祖所認為的「墨子講的利乃是利他主義性質的，沒有個人的位置的」。此一問題的答案。

如前所述，孫廣德認為墨子之說為實利主義，但是又認為兩者並不相同，《墨子政治哲學之研究》中表示：

> 墨子之實利主義乃建立於人之好利惡害之心理基礎之上。……，乃
> 在墨子以利害為號，而邊沁則以苦樂為號。二說之所號雖異，其對
> 人類心理之說明則一也。然而墨子所說之利害與邊沁所說之苦樂畢
> 竟不同。蓋墨子所說之利害偏於物質方面，不重精神享受，且其所
> 求者，在起碼生活之維持，過此則以奢侈而非之…而邊沁所說之苦
> 樂顧及精神方面，且其所求者，不止於起碼生活之維持，而在求幸
> 福享受……。此為二說之根本不同處。〔註30〕

其又認為：

> 觀墨子以實利主義作為道德、言行、事功、毀譽及賞罰之標準，可
> 知實利主義實為其全部思想之總軸，其一切主張均繞此而轉…又吾
> 人當注意者，墨子雖講實利主義，注重效果，然亦非全部注重動
> 機。…此其實利主義與邊沁之功利主義及杜威之實驗主義大不相同
> 之處，雖然，仍不失為實利主義，是吾人所不當不知也。〔註31〕

有鑒於此，便涉及到二者學說之不同之處，關鍵是墨子所說之利害與邊沁所說之苦樂畢竟不同。又表示墨子並非不重視動機，有鑑於此，翻查《墨子》一書，給予了這樣的說明，〈魯問〉篇云：

> 魯君謂子墨子曰：「我有二子，一人者好學，一人者好分人財，孰以
> 為太子而可？」子墨子曰：「未可知也，或所為賞與為是也。釣者之
> 恭，非為魚賜也；餌鼠以蟲，非愛之也。吾願主君之合其志功而觀
> 焉。」

〈耕柱〉篇亦云：

〔註30〕孫廣德：《墨子政治哲學之研究》，頁30～31。
〔註31〕孫廣德：《墨子政治哲學之研究》，頁41～42。

巫馬子謂子墨子曰：「子兼愛天下，未云利也；我不愛天下，未云賊也。功皆未至，子何獨自是而非我哉？」子墨子曰：「今有燎者於此，一人奉水將灌之，一人摻火將益之，功皆未至，子何貴於二人？」巫馬子曰：「我是彼奉水者之意，而非夫摻火者之意。」子墨子曰：「吾亦是吾意，而非子之意也。」

然而，陳弘學認為：

> 墨子以實利為判斷的學說，可行之處在其理論可以具體、有效地為人民謀取實際的利益，較空談心性自然確實而普遍，然其講求實利傾向的思想，所衍生的弊端自然也不少，其中最顯著而重要的有二：一是側重實際效用…二是強調外在事功，很可能形成不問動機，只問結果的傾向，雖然他曾提出志功之辯，意與志合一，但往往被他過於講求的外在事功所掩蓋。〔註 32〕雖然如此，由上述文本所說，關鍵仍然在於「吾願主君之合其志功而觀焉」，其「志」即動機，「功」即效果，以及「意」亦代表其「動機」意涵，自此二句說明了墨子主張的不僅僅是效果而已，而代表著墨子不僅在意其效果之外亦注重動機。「志功為辯」、「志功不可相從」，「志是心志、動機以及理想」而「功是事功、效果和現實」，陳弘學亦認為：「墨子提醒我們必須避免「錯誤計算利益總量」以及「誤以特例為常模」兩種缺失，否則將生理論誤解的過患。…墨子設立「自我犧牲承擔原則」、「他人犧牲禁止原則」、「他人犧牲開許原則，體現高度時代意義與理性內涵」。最後值得一提的，墨家功利思想乃是「強效結果論」與「弱效動機論」的綜合體，追求結果最大利益同時，並不否定動機的價值。〔註 33〕」

據此，筆者認為將墨子哲學歸言於實利主義一說，雖仍有待商榷爬梳之處，但孫廣德一言實亦明確點評出《墨子》哲學與效益主義、實驗主義不同之處為何，實乃精銳之言。

綜上所述，誠如陳弘學於其〈效益作為行動之準據——關於墨家功利思想的重釋〉中，於「墨家功利思想」概念定性部分以目前出版之譯作約略分為六大類：

〔註 32〕王冬珍：《墨子思想》，頁 71。
〔註 33〕陳弘學：〈效益作為行動之準據——關於墨家功利思想的重釋〉，頁 230。

（一）「實利主義」與「功利主義」並稱；（二）「應用主義」與「實利主義」並稱；（三）「實用主義」與「功利主義」並稱；（四）逕稱「功利主義」；（五）反對以功利主義類比；（六）其提出以「功利思想」一詞，別稱「思想」旨在點明墨子與西方功利主義體性間的差別；通名「功利」，則是提點兩家思考上傾向上的共見，由此彰顯彼此同中見異、異中見同，「共」中「不共」的特質。〔註34〕

但是，筆者以為若綜上所述，若以墨家哲學與效益主義輕易的畫上等號，實為一大誤解，但此一誤解，或許能理解為：若以墨家哲學與效益主義進行對話，實是可以而為之的，然而此一關鍵之處在於「對話」，「對話」是由兩個獨立主體思想進行溝通與交流，而並非直接以一個思想取代另一個思想的過程，對話來自於 A 與 B 的溝通，必然不能將 A 與 B 劃歸為「A 就是 B」或是「B 就是 A」的結論，在《墨子》與效益主義的思想之中，不僅是時間軸上、歷史背景、理論的前提，如：「天」及全體百姓；以及自身幸福與大多數人幸福、思想基礎根源上、欲求之結果、與權衡問題與方式，甚至是計量方式或判斷方式，如前所述，以經驗、天、三表法……等，與效益主義對於幸福的計量方法，關於以上，二者理論似乎不可一蓋論之，有鑑於此，是以於本章之二、三節，首先針對墨家哲學與效益主義的「利」的可否計量？最後再給予上述之問題進行全面性的釐清。

第二節 《墨子》中「天下大利」與「最大善餘額」之差異

考察文本，我們可以發現關於《墨子》中「天下大利」與效益主義所言的「最大善餘額（最大多數最大幸福）」之中有著一些不同的差異，但也有著許多不同的看法，本節試圖將二者是否具有差異性此一觀點，進行爬梳與理解，關於墨子的「天下大利」究竟為何？

張純一認為：〈大取〉係表明墨家所取兼愛主義的最大原因，乃為人類最大多數最大幸福起見。〔註35〕陳弘學認為：

墨子以利釋義，以為效益乃是人類行動的準據，我們應該追求天下

〔註34〕陳弘學：〈效益作為行動之準據——關於墨家功利思想的重釋〉，頁 205～207。
〔註35〕張純一：《墨子集解》，頁 501。

大利，即利益之最大集合，在此前提下當個人與群體利益衝突時，個人小利自當被捨棄。墨子這種主張與西方古典「功利主義（utilitarianism）」既有若干重疊之處，也有根本精神的差異，能否類比乃至劃入同一系統，學界至今仍有爭議。〔註36〕

但是，真如其所言：「個人與群體利益衝突時，個人小利自當被捨棄嗎？」據此，筆者認為若由此一說法之「大多數最大幸福起見」是否會有要「犧牲少數成就多數」的數學意涵，這與《墨家》的犧牲小我完成大我道德精神一樣嗎？張耀南認為：

> 西式功利主義」有一個「最大多數最大幸福」的命題，常常使人迷惑：犧牲「小我」之利益以增進「大我」之利益，莫非本就是功利主義的追求？莫非功利主義已完全脫出西方「個人主義」的軌道？這取決於它把「最大多數最大幸福」置於何等地位：以「最大多數最大幸福」為目的，以「利己」為手段，則已脫出；以「利己」為目的，以「最大多數最大幸福」為手段，則未脫出……。於是擺脫「個人主義」與否，就成為我們判定中國哲學有無「西式功利主義」的重要依據。〔註37〕

然而楊建兵則認為：〈大取〉中的表述，才是墨家功利原則的精神實質：

> 殺一人以存天下，非殺一人以利天下也。殺己以存天下，是殺己以利天下也。」這一表述有以下幾點要點：第一，功利的計算包括正值和負值，殺己是負值，存天下是正值，最終的數值是二者相加之和；第二，功利的主體是多元的，應該包括所有關聯的各方，……第三，每個人都有權利主張自己的利益，當別人不願意犧牲時，就不能強迫，所以說「殺一人以存天下，非殺一人以利天下也。」，當「己」自願捨身全義時，才是合乎道德的，所以說「殺己以存天下，是殺己以利天下也。〔註38〕

關於上述，筆者針對所言，首先提出幾點思量之處，首先，然何謂正值、負值？並以「數學式」的加減方式，換算所謂「功利」是合乎《墨子》所述

〔註36〕陳弘學：〈效益作為行動之準據──關於墨家功利思想的重釋〉，頁204。

〔註37〕張耀南：〈論中國哲學沒有「功利主義」──兼論「大利主義」不是「功利主義」〉，頁102。

〔註38〕楊建兵：《先秦平民階層的道德理想──墨家倫理研究》，頁89。

嗎？答案應是不言可喻；其二，誠如上述第三點所言：「每個人都有權利主張自己的利益，當別人不願意犧牲時，就不能強迫，所以說「殺一人以存天下，非殺一人以利天下也。」，當「己」自願捨身全義時，才是合乎道德的…」，而於此關鍵之處應在於「己」之「自願」，然而較雷同於道德先於功利，非是以效益主義的功利目的取向，此處重點在於自身的道德，筆者以為而並非所謂可量化後的結果論，並將於本節進行說明之。

如上所述，或許我們能說其中有著些微但顯著的差距，效益主義的「犧牲」似乎有著可以決定他者的狀態，而墨家哲學則是自發性的自我決定自己的「犧牲」，在此處我們可以發現有著明顯的不同，墨家哲學中所追求的「利」即是「公利」，其期望落實在「天下」這個領域，並不是要犧牲個人之利，而是在整體「公利」下必然包含著「個人之利」〔註39〕，〈兼愛下〉篇云：

> 子墨子曰：「非人者必有以易之，若非人而無以易之，譬之猶以水救火也，其說將必無可焉。」是故子墨子曰：「兼以易別。然即兼之可以易別之故何也？曰：藉為人之國，若為其國，夫誰獨舉其國以攻人之國者哉？為彼者由為己也。為人之都，若為其都，夫誰獨舉其都以伐人之都者哉？為彼猶為己也。為人之家，若為其家，夫誰獨舉其家以亂人之家者哉？為彼猶為己也，然即國、都不相攻伐，人家不相亂賊，此天下之害與？天下之利與？即必曰天下之利也。姑嘗本原若眾利之所自生，此胡自生？此自惡人賊人生與？即必曰非然也，必曰從愛人利人生。分名乎天下愛人而利人者，別與？兼與？即必曰兼也。然即之交兼者，果生天下之大利者與。」是故子墨子曰：「兼是也。……故兼者聖王之道也，王公大人之所以安也，萬民衣食之所以足也。故君子莫若審兼而務行之，為人君必惠，為人臣必忠，為人父必慈，為人子必孝，為人兄必友，為人弟必悌。故君子莫若欲為惠君、忠臣、慈父、孝子、友兄、悌弟，當若兼之不可不行也，此聖王之道而萬民之大利也。

換句話說，墨子之「天下大利」不會否定個人之利，並不會以「公利」犧牲

〔註39〕筆者按：如前所述，〈天志下篇〉曰：曰順天之意何若？曰兼愛天下之人。再進一步考察〈大取〉篇中云：愛人不外己，己在所愛之中。己在所愛，愛加於己。倫列之愛己，愛人也。由《墨子》文本所言，「兼愛」不等於「不愛己」這裡所指的天下的整體的人，理應包含自己。

「個人」的「利」，誠如〈兼愛中〉所說：

> 子墨子言：「視人之國若視其國，視人之家若視其家，視人之身若視其身。是故諸侯相愛則不野戰，家主相愛則不相篡，人與人相愛則不相賊，君臣相愛則惠忠，父子相愛則慈孝，兄弟相愛則和調。天下之人皆相愛，強不執弱，眾不劫寡，富不侮貧，1貴不敖賤，詐不欺愚。凡天下禍篡怨恨可使毋起者，以相愛生也，是以仁者譽之。」……夫愛人者，人必從而愛之；利人者，人必從而利之；惡人者，人必從而惡之；害人者，人必從而害之。

然而《墨家》哲學中相關的紀錄與說明，我們可以理解到《墨子》中所論及的道德實踐，不僅僅是滿足自身而以，重點在於「實踐」而「興天下之利」，擴及天下，進一步成就「天下大利」，誠如《墨翟與《墨子》》一書中闡述：

> 在《經說下》即明白提出這樣的看法：「仁，愛也。義，利也」，有愛必然有利。《大取》：「有愛而無利，乃客之言也」，更何況墨子並沒有排斥自愛，在《大取》篇他說：「愛人不外己，己在所愛之中。己在所愛，愛加於己。倫列之，愛己，愛人也」以這樣的命題主張即墨子事蹟來說，墨子的道德實踐絕非僅以自愛為滿足，而是必須做出兼善天下的社會關懷。〔註40〕

《墨子哲學》一書中更表示：

> 墨家此種交利主義，名義上頗易與英、美流（就中邊沁一派）之功利主義相混。然有大不同者彼輩以「一箇人」利益之立腳點，更進則為「各箇人」利益之相加而已。（所謂最大多數之最大幸福）墨家全不從一箇人或各箇人著想；其所謂利，屬於人類總體；〔註41〕

但是，上述文中所言的「天下之利」與「最大多數最大幸福」的差異性又是為何呢？綜上所述，在《墨子》文本中，關於「天下大利」此一概念，其中蘊含著《墨子》的「天下大利」應當是將「天下」、「天下之人」或「天下之人之利」（公利）設想為一個不可分割的整體來看，就於此來看待「天下之利」與「最大多數最大幸福」就有著可否以數學方式來劃分數量上的不同之處，然而「天下之利」為完整不可分割的整體，但是我們亦可以從不同的面相、角度探討「天下之利」。

〔註40〕孫中原、吳進安、李賢中：《墨翟與《墨子》》，頁 256～257。
〔註41〕孫詒讓等著：《墨子哲學》，頁 109。

　　由於「天下之利」亦是不可以數量上二分，然而關於效益主義的「最大多數最大幸福」原則來看，首先其中「最大多數」與「最大幸福」二者來看，就可以發現其中明顯的包含「多、少」以及「大、小」的「數量」以及可「加總計算」的思維。

　　《十九世紀英國功利主義思想比較研究》一書中將效益主義產生「苦樂與道德制約」如同數學運算的道德估算分成主要四種：

　　　　《十九世紀英國功利主義思想比較研究》說：如同基本因數是數學
　　　　運算的先決條件一樣，邊沁將苦與樂作為道德估算的基本因數。所
　　　　謂道德估算，就是對某事物或行為給當事者（個人或社會）帶來的
　　　　苦與樂的量進行數學運算。苦樂一般有種類與數量的差別。苦樂的
　　　　產生與道德制約有關，不同的道德制約會產生不同種的苦樂，產生
　　　　苦樂與道德制約（Sanction）主要有四種：1.身體或自然的 2.政治的
　　　　3.道德或公眾與論的 4.宗教的。它們分別產生不同的苦樂。〔註42〕

周敏凱又認為：

　　　　邊沁又將苦樂分為簡單和複雜二類。簡單類的苦樂是基本的，但還
　　　　可以進一步細分。邊沁曾把簡單類的快樂分為 14 種……。他把簡
　　　　單的痛苦分為 12 種，其中有 8 種是簡單類快樂的對立面，其他 4
　　　　種是貧困、笨拙、仇恨和惡名的動痛苦。……邊沁認為，他的道德
　　　　估算原理對個人道德行為具有重要的實際指導意義，它能「教給人
　　　　一種精確的計算，一個適當的苦樂估量，這好比做一篇收支預算，
　　　　人們每經過一次估算，就能得到一次『善』多餘『惡』的結果」。
　　　　〔註43〕

有鑑於此，邊沁將「數量」的思維放入其效益主義的思想當中，據此我們似乎可以認同的是：墨家哲學與效益主義在「天下之利」與「最大多數人的最

〔註42〕周敏凱：《十九世紀英國功利主義思想比較研究》，上海：華東師範大學出版
　　　　社，1991，頁 20。
〔註43〕周敏凱：《十九世紀英國功利主義思想比較研究》，頁 21～23。另，羅列文中
　　　　所述之 14 種快樂如下：感官的快樂；財富的快樂；技藝的快樂；和睦的快
　　　　樂；名譽的快樂；權位的快樂；敬神的快樂；行善的快樂；惡意的快樂；回
　　　　憶的快樂；想像的快樂；期待的快樂；聯想的快樂（association）與鬆懈的快
　　　　樂，又其文說明邊沁關於簡單類快樂的種類的分法也不一，《道義學》中談及
　　　　15 種，現以《導論》的 14 種為準。轉引自：周敏凱，《十九世紀英國功利主
　　　　義思想比較研究》，頁 21。

大幸福」這個部分有著不一樣的看法，但是要釐清前文所謂這二者學說的「犧牲」，我們可以先釐清邊沁與彌爾二人對於犧牲個人來得取最大多數人得最大幸福的看法，再進一步說明《墨子》中的看法。

首先，周敏凱認為：

> 邊沁完全反對犧牲個人幸福來謀取社會幸福。約・彌爾則在較大程
> 度上把犧牲個人幸福作為實現社會幸福的重要條件之一。他認為，
> 最大多數人的最大量幸福的功利原理，包含著斯多葛派和基督教教
> 義中的那種自我犧牲，以拯救人類的高尚道德精神，〔註44〕

但是，其在《十九世紀英國功利主義思想比較研究》一書中又表示：

> 約・彌爾只提倡大多數人的幸福，為實現功利目的而作的自我犧
> 牲，這種犧牲為了「使他人免於同樣的犧牲」，是「為增加社會幸
> 福總量而作出有價值的貢獻」。……，不過，約・彌爾並不抹煞個
> 人利益的重要性，認為，最大量幸福原理只顧及他人利益的觀點只
> 是一種誤解。……個人應當「留意自己的利益，關心少數人的利益
> 或幸福」。只有在自己的行為可能涉及到社會利益時，才應考慮社
> 會幸福問題。他的利他主義功利觀，最終似乎仍然拖著一條又粗又
> 大的利己的尾巴。〔註45〕

然而針對墨家哲學中關於「犧牲小我而利及天下」的中，關於天下之利的不可分割之「整體性」，以於前文所書而不必贅述，但是若由道德實踐上，必然會遇到在行為上我們應當如何抉擇的狀況，於是墨家哲學提出了「權」概念，以面對不同情境時做出判斷的標準，墨家哲學中對於不同情境的處理方式，是以「義」為原則，然而在權衡利害關係的時候，乃是以「趨利避害」為主，然而不同的情況亦可以相互比較出重要與更重要的分野，誠如〈大取〉篇云：「斷指與斷腕，利於天下相若，無擇也。死生若一，無擇也。」，然而作為完整的思考下的「權」的選擇是在實際行動下的一種周全的思慮過程，最後「於事為之中，而權輕重之謂求。」求其最為合宜之舉措。

換言之，筆者以為在評價事物先以「權」權衡利害之關係，根據權衡之結果，進一步進行「求」的道德判斷，然其「求」之判斷，必須符合「天志」，在進一步而得出「義」、「利」之結果。誠如陳弘學所言：

〔註44〕周敏凱：《十九世紀英國功利主義思想比較研究》，頁49。
〔註45〕周敏凱：《十九世紀英國功利主義思想比較研究》，頁50。

「求」的正當性與必要性來自於天志，因為天志欲義欲利。而「求」後的最佳結果即為義，天志在此產生行動準據的指導地位，義、利也順轉為同一概念的兩面表述。〔註46〕

而《墨翟與《墨子》》則認為：

> 根據效益主義，一個正確的行為必須產生最大的善和最小的惡，如此，我們是否就可以依此認為墨家哲學就是效益主義呢？其中的義理還需要進一步分辨，由於，效益主義（utilitarianism）看重的是行為的結果，相對於行為的結果，行為本身所具備的價值是工具性的，也就是達成所欲求之目的之方法。所謂的效益主義，就是當我們在做某些行為的時候，依產生的結果來決定我們行為的正當性。〔註47〕

關於上述，在墨家哲學中的確也有類似的思想，其更進一步表示：

> 《墨子‧小取》篇中就有：「殺盜人非殺人」的主張。…我們若從墨家的價值觀來看，墨家對於某一行為的抉擇在於「權」，〈大取〉中所謂的「權」：「於所體之中，而權輕重之謂權。權非為是也，亦非為非也。權，正也。斷指以存腕，利之中取大，害之中取小也。害之中取小也，非取害也，取利也。其所取也，人之所當執也。遇盜人，而斷指以免身，利也；其遇盜人，害也。」因此，依墨家的價值標準作取捨時，他們追求的是「利之中取大，害之中取小。」或「兩害相權，取其輕。」…因此〈大取〉說：「害之中取小，非取害也，取利也。」再者，「權」不是知識中的是非判斷，而是人在現實情境中的適宜性抉擇，對於情境中的不同事態衡量其輕重利害，在決定要怎樣行為。〔註48〕

此外，陳弘學針對「害中取小」同屬有利行為的概念，歸納出墨家追求之「最大利益」並非絕對定量的概念，認為是通過比較後所得的結果，其將梁啟超在《墨子學案》中歸納出的兩條界說〔註49〕，其認為然而這兩條界說只能處理「利與害的比較」、「利與利的比較」，無法處理「害與害的比較」狀

〔註46〕陳弘學：〈效益作為行動之準據——關於墨家功利思想的重釋〉，頁217。
〔註47〕孫中原、吳進安、李賢中：《墨翟與《墨子》》，頁356。
〔註48〕孫中原、吳進安、李賢中，《墨翟與《墨子》》，頁357～358。
〔註49〕梁啟超：《墨子學案》，頁40～41。
　　　　界說一：「凡是利餘於害者謂之利，害餘於利者謂之不利。」；
　　　　界說二：「凡是利於最大多數者謂之利，利於少數者謂之不利」

況，而提出第三條界說，其認為界說三為：

> 凡於「無擇」（沒有選擇權）情形下，害相對少者謂之利。…第三條
> 界說的重要性在於它將功利原則的適用範圍大幅擴延，如此一來在
> 消極不利情境中，仍然可以運用功利原則做為行動準據。〔註50〕

然而前文關於「權」概念的理解，「權」乃是墨家在強調抉擇與在於權衡輕重、趨利避害的關鍵，而在在一般情況下，權衡會有相對的輕重之分，但相對於利天下之事，則不能貪生怕死的逃避。如〈大取〉篇云：「於所體之中，而權輕重之為權。權非為是也，非非為非也。權，正也」。是故，權之屬性無關是或非，而是在評斷利與害之大小，是將是非利害正確處理的一種計算過程，然而既然考慮「利」則不能不看待「義」，誠如〈經上〉曰：「義，利也。」，「義」如何生「利」？「義」「利」如何配合？由於〈大取〉中的「權」評價了利益，關於道德的取捨，進一步提出「求」，〈大取〉篇又云：「於事為之中而權輕重之謂求，求為之，非也，害之中取小，求為義非為義也。」〔註51〕。

由於「權」的作用是在一種周全的思慮之下而形成的抉擇，是在行事作為過程的思慮，而求取最合宜的作法，於此所說的「較大多數人的福祉」乃是權衡後的抉擇，而並非將此「較大多數的人的福祉」作為指導原則，於此不同於效益主義的「最大多數的最大幸福」原則。

再者，根據效益主義，「能夠帶給人們快樂的事情就是善。凡是會帶來快樂或避免痛苦的行為，就是有價值的，是我們應該作的。」或「所謂的效益主義就是能夠給最大多數的人最大的幸福。」，《墨翟與《墨子》》說：

> 什麼才是最大幸福呢？根據效益主義：就是每一個人自身所獲得的
> 利益加在一起的總和，就是一種公眾的利益，而最大公眾利益就是
> 最大的幸福。並且在道德的考慮上，每一個人、每一個體都是平等
> 的，所以我們要追求最大多數人的最大幸福，就是每一個人幸福的
> 加總，這就是所謂的效益主義了。…這在效益主義本身的發展過程

〔註50〕陳弘學：〈效益作為行動之準據——關於墨家功利思想的重釋〉，頁218～219。
筆者按：關於這裡的「功利原則」的「比較」非是數量上的，而是符合《墨子》之「利」與否以及〈大取〉所論的「權」概念，並不同於效益主義的「數學式」的加減計量。

〔註51〕王讚源認為此段原文應為：「於事為之中，而權輕重之謂求。求，非為是也。害之中取小，非取害也；求為義，非為義也。」，其譯為「在所做的事情中，權衡輕重叫做求。求是非別是非的。在危害中選取小的，不是選取害。行事以達個人利益為目的，不是為義。」王讚源：《墨經正讀》，頁169。

中也有不同的看法〔註52〕。

其又言：

> 如邊沁（Jeremy Bentham，1748～1832）認為人類所追求如財富、
> 健康、知識、地位、名譽等，最後都是為了快樂，並且這些快樂的
> 量是可以透過一些客觀的計算方式計算出來，如此我們就可以比較
> 出哪一種行為更可以使我們獲得更大的快樂（pleasure）。邊沁的效
> 益主義非常強調快樂的「量」而忽略了快樂在「質」上的高低之別。
> 另一位效益主義者彌爾（John Stuart Mill，1806～1873）提出了一個
> 修正的主張，他認為必須區分快樂的「質」，對於高品質的快樂，他
> 稱為幸福（happiness）。所謂高品質的幸福，主要是指理性的滿足、
> 文化的鑑賞、德性的成長、藝術的欣賞、健全的人格、豐富的人生
> 經驗等。它們是行為追求的終極目的。在計算一個行為的價值時，
> 不僅要計算它的快樂數量，也要計算它的幸福。〔註53〕

然而，效益主義者關於「苦與樂」或「幸福」的計算方法又與墨家哲學
中的「利害」之「權求」的判斷方式又有什麼不同之處呢？關於效益主義者，
於其理論中擬定了七項計算苦樂之標準〔註54〕，亦簡列如下：〔註55〕

（一）強烈性（Intensity）

（二）持久性（Duration）

（三）確定性或不確定性（Certainty or uncertainty）

（四）接近性或遙遠性（Propinquity or Remoteness）

（五）豐富性（Fecundity）

（六）純一性（Purity）

（七）廣延性（Extent）

此外，孫廣德在《墨子政治哲學之研究》一書中，認為墨子哲學中關於
「利害計算之計算標準」〔註56〕，筆者亦表列如下：

（一）利多害少為利，害多利少者為害

〔註52〕孫中原、吳進安、李賢中：《墨翟與《墨子》》，頁358。

〔註53〕孫中原、吳進安、李賢中，《墨翟與《墨子》》，頁358～359。

〔註54〕筆者按：效益主義在於計算苦樂之七項標準，前六項均應用於個人，唯有第
七項「廣延性」關涉群體。

〔註55〕陳特：《倫理學釋論》，臺北：東大圖書公司，1994，頁59～60。

〔註56〕孫廣德：《墨子政治哲學之研究》，頁36～37。

（二）利於最大多數者為利，只利於少數而不利於大多數者為害。

（三）合於義者為利，不合於義者為害：以義與不義為利害之標準，則是注重利害之質的方面，亦即利害不獨有量之大小，亦有質之高下，求利除估計量外，亦當估計質。就量而論，當取大者；就質而論，則當取其高者，即合於義者，下者，即不合於義者，絕不可取也。

孫廣德認為：

墨子在計算利害之三項標準中，除了第一項未明示羣體利害外，其餘二項均係指羣體利害而言。此亦墨子實利主義與邊沁功利主義之根本不同點之一。墨子為群體主義者，而邊沁為個人主義者。⋯墨子計算利害之標準，前兩項關於量，後一項關於質，是量與質兼顧。而邊沁計算苦樂之標準，則七項均關於量，而無一項關於質者，只是重量而不重質，即以為苦樂只有量之大小，而無質之高下。⋯密勒（John Stuart Mill）以為不妥，乃加以修正增補，而承認苦樂有質之高下，計算苦樂之時，亦當計其質。至此功利主義之理論使較為完滿，而與墨子之說相似也。〔註57〕。

換句話說，墨家哲學以群體利害為考慮的出發點，即：「全體的利」，此為墨家哲學所重視全體的質與量，而效益主義則是以「個人的利」為出發點為考量，誠如《約翰彌爾》一書所說：

雖然彌爾也強調：「大多數的好行為不是為了世界利益，而是為了個人利益，而世界的利益就是個人的利益合成的⋯。」〔註58〕

效益主義者看待「利」是以個人為出發，進而進行加總而成為世界的利益，此一看法與墨家哲學中，以整體天下之利為出發，並且以「天下之利」包含「個人之利」的思維模式，有著不同的觀點。

由於效益主義偏重於個人的利，側重於「量」，直到彌爾補充了「質」的看法，方類似墨家的「利害」思維，這也間接說明了二者關於「天下大利」與「最大善餘額（最大多數的最大幸福）」的不同之處。然而，若以數量上的加總來看待二者的思想，《墨翟與《墨子》》透過了另一個視角說明：

墨家哲學所一再強調的「與天下之利，除天下之害。」以及「兼愛」

〔註57〕同上註。

〔註58〕張明貴：《約翰彌爾》，臺北：東大圖書股份有限公司，1986，頁83。

的普遍性與平等性來看好像很符合效益主義所建立的價值標準。但是從墨家的其他思想脈絡來看，又並非如此，特別是在「加總之量」的觀點。墨家再考慮什麼樣的行為是道德的時候，不見得會把每一個人在數量上的意義認為是等同的，如〈大取〉說：「為天下厚禹，為禹也。為天下厚愛禹，乃為禹之人愛也。厚禹之加於天下，而厚禹不加於天下。」其意為：為天下人的利益而厚待禹，這是把厚待的行為施加給禹。為了天下人的利益而厚愛禹，那是因為禹是愛人的。厚待禹的行為能夠間接的加利於天下，但是對於禹的厚待，並不等於對天下其他人的厚待。〔註59〕

其又進一步說明：

由於在具體行動上，無法愛利天下人，總是直接愛利某人或少數人，所以墨家以「厚禹」之例來說明「志功為辯」（動機與實效）的不同。…因此，雖然是懷抱著愛天下人的動機，但是在具體實踐兼愛的行為時，大禹的安危、福樂就高於一般人，而有厚薄之分，並非一律平等、一視同仁。並且，墨家在從事某一行為時，其價值根源乃在於是否符合天志，來作為衡量行為是否正確的標準。也就是說正確的行為必須根據天志，錯誤的行為則否，因此墨家兼愛的思想跟效益主義還是有所分別的。〔註60〕

另外，《墨子政治哲學之研究》又言：

然墨子判斷利害之質之標準及其應用，與密勒判斷苦樂之質之標準及其應用，其間仍有極大之不同。其一、密勒以高尚與否判斷苦樂，是估量苦樂價值之大小，高尚之快樂價值大，不高尚之快樂，亦不能謂其毫無價值，只是價值較低而已。而墨子以義與不義判斷利害，則是決定利害之有無，合於義者為利，不合乎義者，非是利少，而是根本不能稱之為利。其二、密勒以高尚與否為標準選擇快樂，則於快樂本身之外，尚注意是否高尚，若一事物快樂而不高尚，另一事物高尚而不快樂，有些人寧取高尚而不快樂之事物，則其所取者實是高尚而非快樂。如此，快樂與高尚成為二事，由邊沁快樂大小之選擇，一變而為快樂與高尚之選擇，將功利主義「苦樂統治

〔註59〕孫中原、吳進安、李賢中：《墨翟與《墨子》》，頁359～360。
〔註60〕同上註。

一切」之說完全推翻，而功利主義亦不成其功利主義矣。〔註61〕
誠如上文所述，效益主義強調於「量」的計算與加總，而後添加的「質」的看法，效益主義以高尚與否來判斷苦樂，是計算其價值之大小，高尚者價值大，較不高尚之快樂，亦不能謂其毫無價值，只是價值較低而已。而墨家哲學以「義」為道德原則判斷利害關係，只有合乎「義」與不合於「義」合於「義」者為「利」，不合乎義者合者即不利。

綜述而言，墨家哲學與效益主義的「天下之利」與「最大善餘額（最大多數的人最大幸福）」，在其「利」的整體性上的「不可分割性」與「分別以大多數與相對少數的百分比例」進行比較之中給予了清晰的答案。

此外，以二者在道德實踐上的情境判斷、權衡之際與計量方式亦有者明顯的不同，最後在於二家學說對於「質」與「量」的不同看法，此亦說明了墨家哲學與效益主義的「利（效益）」具有著不可量化與可量化的差異性，此亦表明著二者之不同之處。

第三節 《墨子》道德哲學與古典效益主義之思維釐清

林火旺在其《倫理學》一書中給了「效益主義」清晰而簡單的定義如下：

> 所謂效益主義，就是以行為產生的整體結果（overall consequences）決定行為的道德正當性，換句話說，行為的對錯只是其結果好壞的一個函數，更具體的說，一個道德上對的行為，就是在所有可能選擇的行為之中，其結果能產生最大量的善或最小量的惡的行為；而所謂錯誤的行為，就是其結果不能產生最大量善或最小量惡的行為。〔註62〕

也就是說，效益主義者強調的是行為後得出的善與惡的「量」，以數學上的比例多寡來看待其是否為具有效益的結果，以能產出最大多數的善餘額為其原則。

另外，林火旺試圖將其對效益主義的定義說明得更佳清晰，進而提出幾點〔註63〕以說明之，其中以「第三點」說明其定義認為關於此定義隱含：

〔註61〕孫廣德：《墨子政治哲學之研究》，頁 37。
〔註62〕林火旺：《倫理學》，頁 75。
〔註63〕林火旺於此提出關於其定義的四點說明，包括：1.「行為」的意義為何 2.「善」是什麼 3.上述定義隱含三個假設 4.「結果」指的是什麼。林火旺：《倫理學》，

（一）善是可以量化，而且不同種類的善是可以比較的。也就是說
效益主義以最大效益定義道德上對的行為，必須預設所有有價值的
東西都可以化約成數字加以計算，這樣才可能知道，在各種可能的
行為中哪一個效益最大。

（二）惡也可以量化，所謂最大效益的計算不只包括正效益，也包
括負效益，一個道德上對的行為，並不是因為它所造成的結果都是
善的，而是它所產生的善和惡的結果，在經過整體考量之後，比其
他可能的行為選擇效益大，因此這樣的計算方式必須預設惡也能量
化。

（三）善和惡的效益可以比較，也就是說，不只善和惡可以量化，
而且善和惡可以相互評比、相互抵消，否則除非一個行為的結果全
是善的或是全是惡的，我們無法計算效益的最大化。〔註64〕

關於上述第一、二點也就說明了效益主義將善與惡化約為可進行運算的
數學形式，並且認為可以從以上兩點的假設推知，我們必須再進一步假設這
兩者具有可以相互比較、加減抵銷的結果，才能推導出第三點。然而根據此
一說法的可量化的結果，筆者已於上一節說明其可量化的思維，然而以為善
與惡的比較與抵銷，似乎有著困難，而在墨家哲學中的不可量化的理論思維，
乃是以「權求」以判斷不同情境所進行的道德實踐，二者有者明顯的差異，
墨家哲學所追求的是「天下之利」而非「最大多數人的最大幸福」，若在倫理
實踐的選擇上，墨家選擇「最大多數人的最大幸福」乃是以「權求」做出符合
最高原則的「天志」之所欲，以及「道德原則」的「義」之判斷，其中亦涉及
到「三表法」的「本之者」、「原之者」、「用之者」的三大原則與《墨辯》的論
證方法，並非單純以「量化」之過程進行計算。

另外，林火旺認為效益主義的基本主張是：

行為的價值根據後果的價值而定，但是這後果可以是某一個具體的
行為，也可以是某一類的行為，如果效益考量的是具體的行為，稱
為行為效益主義（act utilitarianism），如果效益計算是以某一類的行
為，則稱為規則效益主義（rule utilitarianism）。規則效益主義在計
算效益時，並不是將效益原則直接應用於某一個個別的行為上，當

頁75～79。
〔註64〕林火旺：《倫理學》，頁76。

他在反省什麼是對的行為時，他關切的是：「如果每一個人在這種情形下都從事這種行為，其善、惡的結果會如何？」也就是說，規則效益主義者認為，在某一種情境下，我們所該做的行為是訴諸於一般性的通則，而不是將每一個個別行為都當成檢視的對象。所以規則效益主義的效益原則是用來檢驗道德規則，而不是檢測個別的行為。〔註65〕

根據上文所述，也就是說效益主義透過了「我」在「這個」情況下做的「這個」行為會產生「最大善餘額」走向「每一個人」在「這類」情況下做的「這類」的行為會產生「最大善餘額」再走向每一個人在進行行為活動時，該依循一般性通則而使產生「最大善餘額」，據此再以效益原則來檢視道德規則，但是筆者尋思的是：究竟是哪一個一般性通則為最高原則呢？關於此一問題，在〈墨家功利觀與西方功利主義的比較〉一文中認為：墨家關於功利價值的選擇提出了一個最高的宗旨，即：「吾將正求與天下之利而取之」〔註66〕。

此外，在價值根源處有著不同於墨家的思維，這與墨家哲學先強調道德根源的「天志」與道德規格的「義」而「法儀」為之，並將天下之人視為一完整整體，進而「興天下之利，除天下之害」的進路有著顯著的不同。

若我們由價值根源上來看，李紹崑認為：「從基本上立論，墨家是有神論，而並非功利主義。」〔註67〕，筆者以為姑且不論墨家哲學的「神」為何？是否具有宗教性？……等相關問題，若就以「價值根源」的立場上來看，一般來看待《墨子》文本中的「價值根源」即是：「天志」，這也構成了由「價值根源」上來看待二家學說，此亦及說明了墨家哲學與效益主義有著明顯的不同之處。

此外，〈墨家功利觀與西方功利主義的比較〉一文中認為：

由於中國傳統倫理思想所涉及的道德的起源與本質、道德的原則和規範、道德的理想和修養、道德的作用與評價以及人性的本質、善與惡、名教與自然等問題，都無法脫離「天」、「理」的範疇，對天人關係的不同認識，形成了中國哲學的不同流派。〔註68〕

〔註65〕林火旺：《基本倫理學》，臺北：三民書局，2009，頁81。

〔註66〕余衛東、徐瑾：〈墨家功利觀與西方功利主義的比較〉，《湖北大學學報》（哲學社會科學版），第三十二卷，第三期，武漢，2005，頁294。

〔註67〕李紹崑：《墨學十講》，臺北：水牛出版社，1990，頁60。

〔註68〕余衛東、徐瑾：〈墨家功利觀與西方功利主義的比較〉，頁291。

其又進一步表示：

> 再以墨子的天志與效益主義的相異處說明，墨子的「天志」說中的
> 「天」是至善義理的道德之天，賦予天的是懲惡揚善的絕對權威，
> 上至王公大人，下至萬民百姓，都是天的刑賞對象。墨家學說以功
> 利作為現實追求的內在根據就是「天」的道德性。……。我們可以
> 明顯看出墨家學說的內在根據是基於道德性的「天志」，並通過對這
> 種代表至上道德的「天」的敬重和順從作為整個學說的出發點。…
> 與墨家學說「天志」的出發點不同，西方功利主義的出發點是人的
> 「自然本性」。〔註69〕

再者，若由墨家「兼愛」思來看效益主義與墨家哲學的價值根源之異同，
誠如楊建兵所述：

> 對照墨家之「兼愛」與密爾之「社會情感」，相同之處是二者都注意
> 到了情感在人的道德行為中的重要作用。不同之處在於，密爾運用
> 了現代心理學的理論，而墨家則訴諸「天志」。〔註70〕

換言之，墨家哲學以「天志」作為其價值根源是明顯不同於效益主義的。
余衛東、徐瑾更說明：

> 在功利主義看來，人的本性是趨樂避苦，快樂和痛苦這兩種力量推
> 動人們去選擇行動，決定人們應該做什麼不應該做什麼，個體的快
> 樂（幸福）就是功利，功利就是道德的基礎和善惡的標準，凡是符
> 合功利的行為就是善的行為，就是值得去做的行為；凡是不符合功
> 利的行為就是惡的行為，就不是值得去做的行為。……功利主義最
> 基本的原則就是滿足個人的追求幸福的慾望——追求幸福是刑為
> 目標，追求能產生幸福的利益是行為對象。……從上面的內在根據
> 不同已經可以看出，墨家學說的基點在於「天志」體現的代表整體
> 的至高的道德性；而西方功利主義的根基在於基於人個體的自然人
> 性。從這之中已經反映出了中西文化的一個巨大的甚至的根本的差
> 異：「道德」與「人性」。〔註71〕

據此，我們似乎在墨家哲學與效益主義的價值根源上得到的一個肯定的解答，

〔註69〕余衛東、徐瑾：〈墨家功利觀與西方功利主義的比較〉，頁291～292。
〔註70〕楊建兵：《先秦平民階層的道德理想——墨家倫理研究》，頁146。
〔註71〕余衛東、徐瑾：〈墨家功利觀與西方功利主義的比較〉，頁292。

即：二家學說的價值根源是不同的，試言之：我們不能輕易地將墨家哲學劃歸於效益主義。再者，我們再以其他不同的角度來釐清墨家哲學與效益主義的異同之處，部分學者們認為墨家哲學與效益主義是非常不同的，進而提出許多的看法，例如：由整體的道德追求與個體幸福來看待二者，誠如〈墨家功利觀與西方功利主義的比較〉表示：

> 墨家…其個人功利的指向同樣是整體的道德追求。…而西方功利主義下的人格追求…而是追求個體幸福的「自由享樂」。……墨家學說和西方功利主義的差別是如此巨大，那種認為中國自古就有功利主義傳統的說法就顯得非常可疑了。〔註72〕

其更直接表示：

> 中國數千年的傳統文化中並沒有『功利主義』的說法，功利主義是一個純粹西方的概念。〔註73〕

而在此文中更對比提出墨學與西方功利主義諸多差異。〔註74〕以論證其述。此外，郝長墀亦由「個人」與「他人」二者的論點，並以我們不能以強調「利」的學說即直接認為重視「利」即為效益主義的看法，認為墨子並非效益主義者，其言：

> 西方的功利主義是以個人為主體的倫理學，它考慮的是如何滿足我個人和這個社會多數人的利益。……而墨家的倫理思想是與他們恰恰相反：墨家所倡導的利益不是我個人或我的集團的利益，而是他人的利益。墨子的仁義不是空談：滿足別人的物質利益是我的道德使命。仁義或利益從來都不是抽象的實體，不是高高掛在空中的，而是存在於具體的人際關係之中。正在這一點上，墨家思想卻與後現代倫理思想家萊維納斯找到了共同之處。儘管萊維納斯強調物質利益的重要性，但沒有人認為他是一個功利主義者。這種對比從正

〔註72〕另外，其文中認為：「從墨子到王安石、陳覲、陳亮、葉適，他們的學說基本上都一脈相承，都只不過是形式上的功利觀點，實質上還是道德的學說。」。余衛東、徐瑾：〈墨家功利觀與西方功利主義的比較〉，頁293。

〔註73〕余衛東、徐瑾：〈墨家功利觀與西方功利主義的比較〉，頁291。

〔註74〕同上註。而其文中表示：墨家的功利觀與西方雖然有相似之處，但還是存在著根本的不同，最大的不同之處在於墨家的功利觀根植於代表整體性道德的「天志」，而西方功利主義的根據是基於個體的自然人性論。由於這種內在的差異導致二者在功利價值的取向、選擇、判斷上的一系列差異，並外在表現整體與個體、禁慾與享樂、兼士人格與自由享樂的不同。

面證明墨子不是功利主義者。〔註75〕

然而楊建兵認為：墨家倫理的功利論本質主要體現在以下四個方面：

第一、功利論以經驗主義為其哲學根基。⋯⋯墨家哲學的經驗主義特性是墨學中最少爭議的內容。⋯⋯第二、各種形式的功利論道德理論都是以人性的「自利」、「自愛」、「自我保存」、「自持」、「自為」等立論為前提⋯⋯墨家以「人性欲利」為立論的始基，所以，它與各種功利論的人性論立場也是一致的。第三、功利論最顯著也是最根本性的特徵就是以「功利」或者「最大多數人的最大幸福」作為最高倫理原則。⋯⋯墨家可謂是典型的功利論。⋯⋯在一定意義上可以說，現代倫理學中的功利原則為墨家倫理思想作了最佳的注釋。第四、功利論是典型的效果論，所以，判斷一種倫理體系是否為功利論，一個最重要的依據就是看它是否以效果作為道德判斷和行為選擇的標準。⋯⋯顯然，墨家倫理主要還是主張效果論。〔註76〕

根據其述，筆者以為其一：效益主義以經驗主義為其哲學根基。而墨家哲學的經驗主義特性，以二者關於經驗的重視之相同處，由於我們可以在《墨子》文本中找到以「經驗」為根基的三表思想，無論是涉及到「聖王之事」的間接經驗與「耳目之實」的直接經驗、感覺經驗以及「人民之利」的成效，是故這是合理的看法。

再者，關於第二點：《墨子》中以「利，所得而喜」而說墨家以「人性欲

〔註75〕郝長墀：〈墨子是功利主義者嗎？──論墨家倫理思想的現代意義〉，《中國哲學史》第一期，北京，2005 年，頁 78。另，萊維納斯即伊曼紐爾‧列維納斯（Emmanuel Lévinas，1906～1995）

〔註76〕楊建兵：《先秦平民階層的道德理想──墨家倫理研究》，頁 76～77。此外，陽建兵在其〈墨家倫理思想與密爾功利主義思想的比較〉一文中，以「快樂」與「非樂」、「天鬼」與「良心」以及「義」與「公正」，三種面向探討墨家思想與密爾思想的異同，進而得出：通過二者的比較，從二者一致性的一面來考慮，似可以說明功利論作為一種影響深遠的倫理思想自有其真理性的一面；從二者的差異性的一面來看，似可以證明不同的社會時代和不同的文化氛圍作用於同一類型的理論會散發出多樣性的異彩。楊建兵：《先秦平民階層的道德理想──墨家倫理研究》，頁 147。據以上所述之四點，楊建兵於《先秦平民階層的道德理想──墨家倫理研究》一書中將墨家哲學歸為效益主義，而在其〈墨家倫理思想與密爾功利主義思想的比較〉一文之中又認為二者有著差異性，似乎具有自相矛盾之處。

利」為立論前提，則認為所以它與各種功利論的人性論立場也是一致的看法，另外，第三點中將效益主義中的「最大多數人的最大幸福」的最高倫理原則。即得出「墨家可謂是典型的功利論。」的結論，筆者以為《墨子》的「利」概念有著十分豐富的內涵，以於第三章第四節以及本章第二節論之，故此不贅，但就以「人性欲利」為前提，即以「人性論」觀點以及效益主義中的效益原則，而將二家學說輕易的論為一說，實有待商榷。

然而，其後又說：現代倫理學中的功利原則為墨家倫理思想作了最佳的注釋，如此一來似乎有著相互矛盾之處。最後，其認為效益主義是典型的目的論，而以墨家亦是重視目的與結果，而認為：「墨家倫理主要還是主張效果論。」，針對此一說法，筆者以為墨家重視結果與目的，但是以「志功」為論，便可以得到墨家哲學中不僅僅重視目的與成效，亦重視其心志、動機，這也說明了二家學說的不同之處。陳弘學亦認為：

> 一般倫理學說評價行為正確與否時多不考慮行為結果，而是根據行為者之動機進行探討。西方功利主義相反，它將動機與結果分離，要求我們必須排除動機考量，才能不受情感左右而有正確判斷。墨家功利思想很不同於西方功利主義之處在於，儘管墨子強調「義利合一」，以效益作為行動指標，相當程度弱化了「動機」的價值，但卻非絕對排斥「動機」作為行動參數。〔註77〕

綜上所述，我們可以發現其中亦有著許多待為分辨與澄清之處。此外，楊建兵則認為：

> 若將墨家哲學與效益主義以「道德」與「利益」來看待二者的差異之處，墨家將「義」直接定義為「利」，從理論上取消二者的對立。但在現實社會生活中，不同主體之間利益衝突仍然客觀存在，對於作為利益主體的個人來說，真正做到「利天下而為之」是需要情感推動的。墨家這種類似密爾的「社會情感」的道德情感，就是要「兼愛」。墨家認為「兼相愛」的正義性在於「交相利」，「利」是「愛」的實質內容；「愛」是「利」的心理層面。「愛」與「利」的有機交融，可以化解「個人利益」與「社會利益」、「利己」與「利他」的

〔註77〕陳弘學：〈效益作為行動之準據——關於墨家功利思想的重釋〉，頁215。另，其文於此處將墨子強調「義利合一」，以效益作為行動指標，相當程度弱化了「動機」的價值，但卻非排斥「動機」作為行動參數稱為「弱效動機之肯定」。

矛盾，實現「天下之治」。〔註78〕

據此，我們能說墨家進行道德實踐的同時，需要道德情感來推動，而墨家的道德情感即：兼愛。「兼愛相利」相輔相成可以消解利益在「個人」與「社會」的數學比例、你我相分的利己、利他的矛盾，而達到「天下之利、天下之治」。

如胡德平更在《十家論墨》的序文中指出：

> 要想真正得到長久的利益，必然是互利互惠之交，利人利己之愛。
> 這一見識大大高過亞當·斯密的以自利而達到互利效益的西方觀念。〔註79〕

另外，《先秦平民階層的道德理想——墨家倫理研究》更說明：

> 在道德與利益的關係問題上，二者都強調「公利」的重要性，認同「利他」的道德性，但是墨家以「天下之利」為立足點，提倡「損己益所為」的「克己利人」精神；密爾則從「個體利益」為出發點，主張「利己」而「利他」，最終走向理性利己主義。在道德的制裁上，墨家利用當時民間尚存的「天鬼」觀念作為外在的終極制裁力量；密爾則運用聯想心理學的有關原理論證俗稱「良心」的「社會情感」具有最強大的道德約束力。〔註80〕

換言之，墨家哲學與效益主義在道德約束的這點上也有著顯著的不同，效益主義以「個人之利」出發點而墨家哲學則以「整體的天下之利」為基礎，在道德約束的部分，效益主義以心理學上的「良心」為約束，然而墨家哲學則是以「天鬼」作為外在制裁，此處亦表達二家學說之不同之處。

再者，以墨者與效益主義者的精神與形象來看待墨家哲學與效益主義的異同之處，在文本中我們不難發現墨家形象往往是伴隨著〈魯問〉篇：「短褐之衣，藜藿之羹，朝得之，則夕弗得」的處境以及誠如《莊子·天下》篇云：

> 使後世之墨者多以裘褐為衣，以跂蹻為服，日夜不休，以自苦為極，曰：「不能如此，非禹之道也，不足謂墨。」…雖然，墨子真天下之好也，將求之不得也，雖枯槁不舍也，才士也！〔註81〕

〔註78〕楊建兵：《先秦平民階層的道德理想——墨家倫理研究》，頁146。
〔註79〕蔡尚思主編：《十家論墨》，上海：人民出版社，2004年，頁2。
〔註80〕楊建兵：《先秦平民階層的道德理想——墨家倫理研究》，頁146～147。
〔註81〕郭象注，陸德明釋文，成玄英疏、郭慶藩集釋：《莊子集釋》，頁466～467。

陳弘學更進一步地認為墨家思想是：

> 這種未見成效卻不畏譏毀，但求發心而不計成敗的舉動，正與儒家
> 知其不可而為之、雖千萬人吾往矣知道德理想主義性格暗合。「弱效
> 動機之肯定」乃墨家功利思想一大特色，也是迥異西方功利主義的
> 地方〔註82〕。

　　然而考察《莊子集釋》一書，便能發現其關於其所言之「自苦為極」與
「非禹之道也，不足謂墨。」二句〔註83〕，便能發現極不同於邊沁於《道德
與立法原理導讀》所云：

> 看來信奉禁慾主義原理的有兩類大不相同的人，一類是道德家，一
> 類是宗教狂。……然而，宗教狂奉行該原理的程度看起來甚於道德
> 家，他們的舉動更為一貫，但有欠明智。道德家只是摒棄快樂，難
> 得走得更遠，宗教狂卻經常趨於極端，以至於把這當作德行，認為
> 有責任來企求痛苦。〔註84〕

〈效益作為行動之準據——關於墨家功利思想的重釋〉認為：

> 邊沁過於標榜自利原則而缺乏犧牲精神，彌爾後來修正邊沁之說，
> 將自利原則轉成自我犧牲原則。但彌爾也只是強調我們應當放棄私
> 利以成就眾人大利…。〔註85〕

由上文，我們可以得知，雖然墨家並不是信奉禁慾主義，但其與效益主義者
所思、所處的是在極為不同的時空情境與歷史背景上，然而在這點上墨家哲

〔註82〕陳弘學：〈效益作為行動之準據——關於墨家功利思想的重釋〉，頁 216。又
　　　　〈經說上〉云：「義，志以天下為芬而能能之，不必用。」，其進一步引用王
　　　　讚源《墨經正讀》中譯為：「有志以天下為己任，而後才能利益天下人，但不
　　　　必等執政了始從事於義」，認為隱隱然表現了墨家「弱效動機之肯定」一說。
〔註83〕文曰：「使後世之墨者多以裘褐為衣，以跂蹻為服，日夜不休，以自苦為極」。
　　　　注曰：「謂自苦為盡理之法」；又曰：「不能如此，非禹之道也，不足謂墨」。
　　　　其注曰：「非其時而守其道，所以為墨也。」，疏曰：「墨者禹之陳迹也，故不
　　　　能苦勤乖於禹道者，不可謂之墨也。」郭象注，陸德明釋文，成玄英疏、郭
　　　　慶藩集釋：《莊子集釋》，頁 466～467。關於墨者之行事記載，筆者另附相關
　　　　史書記載如下，誠如《史記》亦曰：「墨者亦尚堯舜道，言其德行曰：『堂高
　　　　三尺，土階三等，茅茨不翦，采椽不刮。食土簋，啜土刑，糲粱之食，藜霍
　　　　之羹。夏日葛衣，冬日鹿裘。』」。楊家駱主編：《新校本史記三家注並附篇二
　　　　種》，臺北：鼎文書局，1980，卷四，頁 3290。
〔註84〕邊沁著，時殷弘譯：《道德與立法原理導論》，頁 65。
〔註85〕陳弘學：〈效益作為行動之準據——關於墨家功利思想的重釋〉，頁 221。

學與效益主義異同之處又是為何呢？

　　效益主義（或功利主義）一般的理解是由邊沁、密爾的時代開始使用於學界大量使用這個語詞與哲學理論，然而對比墨子與其二者的所處的歷史時代，基本上墨子大致的生卒年大約為 B.C480～389〔註86〕在這個時空背景下，墨子所處的時代正值戰國亂世之中，就戰國時期據《史書》上的記載，則是共有大小戰爭二百三十次。〔註87〕而《墨子哲學》一書又云：

　　　自幽厲以後，王室無權，故諸侯攻弒或跋扈而不能討，干戈擾攘無
　　　一日之安寧，及至戰國兵禍日甚，兼併甚熾，人民疲於戰爭，故孟
　　　子曰：「彼奪其民時使不得耨，以養父母，父母凍餓，兄妻子離散，
　　　子之民，老弱轉乎溝壑，長者散而之四方。」又曰：「爭成以戰，殺
　　　人盈城，爭地以戰，殺人盈野。」〔註88〕

《史記・太史公自序》亦云：

　　　春秋之中，弒君三十六，亡國五十二，諸侯奔走不得保其社稷者，
　　　不可勝數，察其所以，皆失其本已。〔註89〕

又根據《中國歷史——先秦卷》所解，春秋時期共有三十六名君主被殺，五

〔註86〕徐希燕透過相關史料，以其記載之相關文本整理出關於墨子生平接觸的主要人物，如公輸盤、魯陽文君、巫馬子（施）、楚惠王、文子、公孟子（公明義）、季康子等交叉比對產生交集（1），並透過與考證各家關於墨子的生卒年之數據，如孫詒讓《墨子閒詁》之定年為西元前468年～西元前376年、劉汝霖《墨子年譜》之定年為西元前478年～西元前397年、錢穆《墨子事跡年表》之定年為西元前479至467年～西元前394至西元前384年、方授楚《墨子簡表》之定年為西元前490年～西元前403年、吳毓江定墨子生卒年為西元前488至478年～西元前402年、胡適定墨子生卒年為西元前500至前490年～西元前470至前380年、任繼愈定墨子生卒年為西元前480年～西元前420年、李樹桐定墨子生卒年為西元前496至492年～西元前407至403年、張岱年定墨子生卒年為西元前480年～西元前397年、詹劍峰定墨子生卒年為西元前470年～西元前390年以及邢兆良定墨子生卒年為西元前479年～西元前394年，其綜合上述得出前後誤差不超過3年此一交集（2），並將墨子生卒年基本定在西元前480年至西元前478年之間，由以上兩個交集並得出以下結論：「綜上所述……其生於前480年（前後誤差不超過3年），卒於前389年（前後誤差不超過5年）。這些應當成為定論。」參見徐希燕：《墨學研究——墨子學說的當代詮釋》，北京：商務印書館，2001年，頁14～20。

〔註87〕馮作民編著：《龍的傳承——中國五千年》，臺北：萬象圖書，1994，頁61。
〔註88〕孫詒讓等著：《墨子哲學》，頁189。
〔註89〕楊家駱主編：《新校本史記三家注並附篇二種》，頁3297。

十二個諸侯國被滅，其中的大小戰事共有四百八十多起，諸侯的朝聘和盟會
亦有四百五十餘次。〔註 90〕如此，由以上便說明了《墨家》哲學發展的時期
由墨子為開端的時代乃是西元前四百多年的亂世。

　　然而邊沁（AD1748～1832）與彌爾（AD1806～1873）的這兩位哲學家的
生卒年來推估效益主義發展的時代，其發展的開啟的時代是為十八世紀乃至
於當代，這與墨子與效益主義者所處的時空背景來看，實在難以將墨家哲學
直接化歸於效益主義，雖然其二者所處之歷史時代均為較「複雜」的狀態，
是以墨家提出「十論」來面對「七患」，而效益論者資所處的是資本主義與自
由市場的掠奪時代，以及面對的是貧富不均的現象。或許我們能肯定的是：
其二者均是企圖提出一種至善天下或改變社會的理論。

　　然而陳弘學在〈效益作為行動之準據——關於墨家功利思想的重釋〉一
文中認為：功利主義者往往也是一個偉大的利它主義者，其歸納江太金於〈邊
沁、穆勒與功利主義〉〔註91〕之說法，其進一步說明：

> 邊沁之主張最大幸福乃建立於個人利益追求基礎之上，這個思想加
> 深當時資本主義與自由市場的掠奪，產生貧富不均現象。約翰·彌
> 爾乃對邊沁之說做出修正，彌爾認為邊沁之「行動功利主義（Act-
> Utilitarianism）」係以最大多數之最大幸福考慮行動後果，而不計較
> 行為本身的善惡，此種思想具有極大危險性。彌爾因而發展出「規
> 範功利主義（Rule- Utilitarianism）」，導入人之道德情感，堅持「正
> 義」的觀念必須和『功利』一起計算，並主張人生目的應該跳脫謀
> 求一己幸福，轉而關心他人幸福以及人類全體生活的改進，如此一
> 來彌爾便將邊沁『自利原則』轉為「自我犧牲原則」。〔註92〕

　　另外，關於上述這個「自利」轉向至「利他」的「利」，在墨家思想當中
的關係律則，蔡仁厚則認為：

> 利君為忠，利親為孝，利民為功。「利君、利親」，是臣民、子女之
> 道德律則，而「利民」則是為人君之道德規範。可見墨辯的道德觀，
> 是以墨子以來所一貫強調的利他之功利主義為基礎的。〔註93〕

〔註90〕張豈之主編，《中國歷史——先秦卷》，北京：高等教育，2001，頁 164～165。
〔註91〕江太金：〈邊沁、穆勒與功利主義〉，《歷史與政治》，臺北：桂冠圖書公司，
　　　　1987，頁 287～291。
〔註92〕陳弘學：〈效益作為行動之準據——關於墨家功利思想的重釋〉，頁 213。
〔註93〕蔡仁厚：《墨家哲學》，頁 1。

又舉出〈大取〉〔註94〕中的「權」的人之自然本性概念，以論述功利主義的心理根據，並表示：

> 兩害相權取其輕，兩利相較取其大」。害取其小，不是取其害，而是取其利；因為此時是地，唯有小害纔對我有較有利，這是不得已的抉擇。而利取其大，則並非不得已，而是人性之自然。據此可知，取目前之小害而避將來之大害，或捨目前之小利而趨將來之大利，這就是功利主義的心理根據。〔註95〕

其再進一步的以「利他」與「利己」二者說明並認為中國文化中並沒有效益主義（功利主義），蔡仁厚云：

> 墨家所不同於一般功利主義者，只在於不以利己為目的，而以利他、利天下為歸趨。英人邊沁以追求「最大多數人之最大幸福」為功利主義之鵠的，世人多加稱羨；但與墨家絕對利他的利天下的功利主義相較，則猶有不及。…附按：真正來說，中國文化的大流，並沒有功利主義的傳統。〔註96〕

透過上述所言，似乎有著可以討論的空間，首先蔡仁厚認為墨家以來是以利他之功利主義為基礎，然而又推導出中國文化並沒有效益主義（功利主義）的傳統，似乎有著矛盾之處，即中國文化沒有效益主義，墨家的利他之效益主義（功利主義）一說該從何而來呢？〔註97〕

但是，綜上所述，我們仍能根據其上所述來理解效益主義者所處的時代背景來，以及說明邊沁乃至於彌爾的效益主義原則的轉向。然而，關於墨家哲學究竟是否是效益主義呢？首先回到對於效益主義概念上的解讀並提出幾個不同學者的看法。據此，張耀南認為對於「西式功利主義」之核心概念，各人解讀有不同。然其以為只要是功利主義者，就會有如下共同的認識〔註98〕，

〔註94〕〈大取〉云：「利之中取大，害之中取小也。害之中取小也，非取害也，取利也。……遇盜人，而斷指以免身，利也；其遇盜人，害也。……利之中取大，非不得已也；害之中取小，不得已也。所未有而取焉，是利之中取大也；於所既有而棄焉，是害之中取小也。」

〔註95〕蔡仁厚：《墨家哲學》，頁191。

〔註96〕蔡仁厚：《墨家哲學》，頁191～192。

〔註97〕筆者按：其文中關於墨家哲學是否為效益主義一說，似乎具有其矛盾之處，此一問題是有其討論之空間，但此一問題並不影響本節所論，是故暫表而不論。

〔註98〕第一，「義」對於「利」的工具地位。道義成為謀利的工具，日常道德準則則

而推論出：

> 中國哲學家中有主張不以「利」為致「義」之手段者，有主張可以
> 以「利」為致「義」之手段者，有主張必以「利」為致「義」之手
> 段者，但絕無一人主張以「義」為求「利」之手段，絕無一人主張
> 只以「利」為目的。如此則可斷言，中國哲學中絕無「西式功利主
> 義」存身之餘地。〔註99〕

　　在其〈論中國哲學沒有「功利主義」──兼論「大利主義」不是「功利主
義」〉一文中分別舉出四點〔註100〕：

　　（一）中國哲學不主張以「義」為手段

　　（二）中國哲學不主張以「動機」為手段

　　（三）中國哲學不主張以「利他」為手段

　　（四）中國哲學不主張以「利物」為手段

而張耀南推論後提出所謂：「中國哲學只有一個『大利主義』〔註101〕」的看

能帶來利益者則遵守之，不能帶來利益者則可以不遵守。第二，「動機」對於
「結果」的工具地位。認為行為之善惡只憑「結果」不憑「動機」，若有殺人
動機結果反有益於人，則其動機非為不道德，可置而不論。第三，「利他」對
於「利己」的工具地位。認為「利他」若損害到「利己」，則應放棄；講「利
他」只因不「利他」則無以實現「利己」。第四，「利物」對於「利人」的工
具地位。功利主義幾乎完全不講「利物」，只講「利人」，持一種典型的「人
類中心論」觀點。中國哲學講求以「義」為目的，「利」為手段、講求以「動
機」為目的而以「結果」為手段、講求以「利他」為目的而已「利己」為手
段、講求以「利物」為目的而以「利人」為手段，故中國哲學沒有「功利主
義」。張耀南：〈論中國哲學沒有「功利主義」──兼論「大利主義」不是「功
利主義」〉，頁 100～101。

〔註99〕張耀南：〈論中國哲學沒有「功利主義」──兼論「大利主義」不是「功利主
義」〉，頁 101～102。

〔註100〕張耀南：〈論中國哲學沒有「功利主義」──兼論「大利主義」不是「功利
主義」〉，頁 100～104。

〔註101〕張耀南認為：「中國哲學講功利，但必把群體之功利擺到優先於個人功利的
位置上，是為『大利』；中國哲學講功利，亦必把天地萬物之功利擺到優先
於人類功利的位置上，是為『大利』；『利他』重於『利己』，『利物』重於『利
人』，是為『大利』。中國哲學絕不主張犧牲『大利』以滿足『最大多數最大
幸福』，換言之，中國哲學絕不主張以『大利』為手段。……中國哲學不以
『義』為求『利』之手段，故中國哲學沒有『西式功利主義』；中國哲學不
以『動機』為求『結果』之手段，故中國哲學沒有『西式功利主義』；中國
哲學不以『利他』為『利己』之手段，故中國哲學沒有『西式功利主義』；
中國哲學不以『利物』為『利人』之手段，故中國哲學沒有『西式功利主義』。

法。然而楊建兵並不認同這個「大利主義」的說法，其認為：

> 儘管墨家以「興天下之利，除天下之害」為最高倫理原則，言必稱
> 「利」，仍然有人質疑墨家倫理的功利本質。其實功利論謀求的最大
> 多數人功利的最大化，從「功利論」走向利他主義是合乎邏輯的必
> 然發展過程。正如現代功利論哲學產生和發展的過程中所發生的故
> 事：邊沁既是功利論哲學的奠基者，也堪稱西方人的道德楷模；彌
> 爾是功利論倫理學的集大成者，卻積極主張利他主義。所以，墨子
> 的行為特徵與墨家功利論倫理立場並不矛盾，當然，也就不能以墨
> 子的利他行為來否定墨家倫理的功利本質。〔註102〕

關於上述說法，二者均給予了墨家哲學與效益主義之問題釐清的部分，提供
了另一種不同面向的思考以及看法，而亦有許多可以再進行思索的部分與空
間，並於以下段落給予簡單之回應。

　　最後，筆者將本節所述整理、歸納如下並進行論述：首先我們可以理解
到中國文化思想之中，自古代以來就有或沒有效益主義這個問題的重要性，
但是對於此一問題的答案應該是不辯自明的，然而針對歷史背景的時間軸來
看待效益主義與墨家哲學的部分，根據上述文中說明了墨家哲學發展的起源
者：墨子。

　　墨子的生平按照合理推估乃是活躍於西元前四百多年，而效益主義的起
源者：邊沁與彌爾，此二位哲學家則是西元後一千七百多年而有所創建。如
若由歷史時空的發展進程來看，將「墨家哲學」劃歸於「效益主義」，其中則
有著需要商榷的部分，因為在歷史上的時序性來看，是先有「墨家哲學」之
後才有「效益主義」，也就是說先有「墨家哲學」之後才有「效益主義」，如此
一來如何能推論出「墨家哲學」是「效益主義」呢？若真要以此而說的話，似
乎亦可以說先有了「墨家哲學」然後有「效益主義」，所以「效益主義」是由
「墨家哲學」推導出來的，但是這樣的說法，在事實上似乎會變成先有「墨

總之，中國哲學不以『大利』為求『小利』之手段，故中國哲學沒有『西式
功利主義』。簡言之，中國哲學沒有『功利主義』。如果一定要給中國的『功
利』思想加一個名稱，則只可名曰『大利主義』；如果一定要給出一個價值
判斷，則只可說以『西式功利主義』解讀中國哲學，乃是貶低了而不是抬高
了中國哲學。」。張耀南：〈論中國哲學沒有「功利主義」──兼論「大利主
義」不是「功利主義」〉，頁104～105。

〔註102〕楊建兵：《先秦平民階層的道德理想──墨家倫理研究》，頁72。

家哲學」而後有「效益主義」，而「效益主義」中的理論說法，有著部份與「墨家哲學」類比相似之處，所以會推論出「效益主義」是「墨家哲學」的結論，但是因為「類比」，所以其中又有之間的不同之處。

另外，若單純的只依照「時序」的先後關係進行討論，亦可推估出幾點不同層次的看法，如上述所言之「時代先後」的歷史脈絡、「理論成立」的先後關係、以及「理解先後」與「參照先後」……等相關的基本四種不同面向，前二者主要則是以動態的歷史觀進行思考，但是由後兩者的思考為問題導向時亦會產生出不同的看法。

例如在前文之文獻探討所述之梁啟超……等多諸學者，學者們面對其當時所處於時局不安環境與動盪之背景下，基本乃是以效益（功利）主義或者實用主義的理解為進路，進而以「西體中用」或「中體西用」的交互參照，進行探究與面對其所處時代的情境問題，而此時不同的理論的相互參照亦存在著不同的先後關係，如此一來亦會得出關於「墨家哲學」與「效益主義」的關係之間不同的看法與詮釋。據此，這也彷彿說明著若只以簡單的以「時間」的先後順序就必定決定了「推論」的先後順序，此一斷定似乎過於簡化。

但是，一、若以「效益主義」與「墨家哲學」的「價值根源」與二、「道德原則」來看，墨家哲學與效益主義之「價值源頭」：「天志」與「自然的個體人性論」觀點以及「道德原則」：「義」與「最大多數的效益原則」，若由此來看待二者學說亦是有著極大的不同，誠如《墨翟與《墨子》》所述：

> 由於效益主義是以行為的後果來確立行為的價值，墨家哲學雖然有
> 許多地方與效益主義所強調的結果論相似，但是，若追溯到價值的
> 源頭「天志」，或重要的價值原則「義」時，則墨家倫理思想並不能
> 輕率的歸於效益主義。〔註103〕

再者，三、以「效益主義」與「墨家哲學」的判斷方法更能推論，無論是「三表法」與「墨辯」中的論證或「權求」以至於可否以數學形式進行量化的過程，在此一過程「墨家哲學」強調的是整體的「天下之利」，而整體中亦包含著每一個個體，而「效益主義」透過「個體幸福」而有善惡加總的計算過程，此亦明白的證實了二者的不同。

此外，四、根據行為的「動機」與「目的」，「效益主義者」強調「結果」而「墨家哲學」不僅強調成效亦十分重視動機，據此也說明了二者的不同之

〔註103〕孫中原、吳進安、李賢中：《墨翟與《墨子》》，頁362。

處，五、然而若以「道德約束力」的角度來看待「效益主義」與「墨家哲學」，一則將道德約束歸於「良心」一則以「鬼神」說明，這也是二者極為不同之處。

最後，針對「墨家哲學」究竟是不是「效益主義」呢？或梁啟超所謂的「實利主義」？亦或是蔡仁厚所認為的「功利實用主義立場而成其『利他的功利主義』？」又或者是牟宗三所言的「樸素的功利主義思想」，還是馮友蘭所云的：「功利主義為墨子哲學之根本」以及勞思光所說的：「墨子學說第一主脈為功利主義。」，還是譚宇權所認為的：「將墨子思想而與西方功利主義以『快樂』或『幸福』為核心的思想不完全相同」的看法，又或者是《墨翟與《墨子》》的回應後得出：「墨家倫理思想並不能輕率的歸於效益主義」的說法呢？此外，當然亦有將墨家哲學重新定為其他主義的說法，如：「大利主義」、「利他主義」……等等不同的看法。

關於以上，筆者以為若將「墨家哲學」與「效益主義」進行對話討論、爬梳分析以及對比其推論過程，而得出「墨家哲學」是「效益主義」或「墨家哲學」不是「效益主義的過程」，以上均都證明了二者的不同之處。是故，筆者以為與其將「墨家哲學」歸於「效益主義」是不妥當的，或是以「墨家哲學」與「效益主義」的不同而說明之論而說「墨家哲學」是「某某主義」或其他推論，然就以上所論，「墨家哲學」是「效益主義」與否？或「墨家哲學」不同於「效益主義」之論，不如一句：「『墨家哲學』即是：『墨家哲學』」來的精彩，這也是「墨家哲學」之所以感人、動人以及迷人之處。

然而就此上述之說法，並不是拒絕與其他各家思想進行更多元的討論，而是以「墨家哲學」之所以為「墨家哲學」為論述之立基，由於如此一來便更能進一步的與其他不同的哲學思想進行多方面的對話、溝通而重新理解與重新詮釋「墨家哲學」為何？更能使「墨家哲學」與當今社會之思潮碰撞後，進行更多的成長與反思，這也更能說明「墨家哲學」的特色，而使其有更大進步、前進的空間以及成就屬於「墨家哲學」的新思維，最後筆者於此論之並於第五章：「墨家哲學的當代意義」中所述的「獨特性」與「限制性」及其「時代意義」並以此作為本文之結論。

第五章　結　論

　　在本文中，筆者試圖釐清：（一）《墨子》書中的「天」、「義」、「兼愛」以及「利」的序列關係為何？（二）《墨子》書中的「利」究竟是為何？（三）《墨子》書中的「利」與古典效益主義的「效益」問題（四）《墨子》書中的思想究竟是不是效益主義？這四個問題，由於其中不斷的涉及到「利、效益（功利）」問題，其中包含著《墨子》中「利」與「天」、「義」、「兼愛」等概念的序列問題，以及「利」的特性與定位問題；再者，本文亦試圖說明《墨子》的「利」與效益主義的「效益」的差異性，最後得出「墨家哲學」並不能等於「效益主義」這一個結論。

　　在〈效益作為行動之準據——關於墨家功利思想的重釋〉一文中說明並表示：

> 多數論文但引原文解說而缺乏系統性的闡說，包括墨家功利思想是否具有現代意義？若有，則其可能開展的面向又係為何？推測這個現象造成的原因，或許源自墨學失傳兩千年，文本諸多解釋仍未取得共識，相關功利論述多保存於《墨經》之中，但因《墨經》滯澀難讀，在基礎未固情形下，後人乃不敢過度申論，以免至招「乎盧成盧，喝雉成雉」的譏嫌。[註1]

　　有鑑於此，是故筆者亦於本文第二章節中對於《墨辯》中關於「利」的定義、特性與「墨家哲學」中特殊的判斷方法與論證過程，一併進行爬梳、理解以及說明墨家哲學中「利」的「特殊性」與「重要性」。

〔註1〕陳弘學：〈效益作為行動之準據——關於墨家功利思想的重釋〉，頁 202。

　　然而筆者為何會特別會以「墨家哲學能否等於效益主義？」這一問題作為論述的結尾？如果以湯智君所認為：「墨學的實踐，可以使最大多數的人獲得最大的幸福」〔註2〕，其進一步的表示：

　　　十九世紀英國倫理學家、政法學家邊沁 Jeremy Bentham（1748～
　　　1832）倡功利主義，以為道德價值在於最大多數人的最大幸福，與
　　　墨子功利主義相近。〔註3〕

而由上述此一說法就會變成「效益主義」類似「墨家哲學」的另一種解釋或是於第四章所論述眾多學者們對於「墨家哲學」等同於「效益主義」的異同觀點與不同的理解。

　　由於不僅僅是在東方學界對於「墨家哲學」與「效益主義」有著許多待為釐清的問題，誠如《墨翟與《墨子》》一書中所指出的西方學界普遍都將墨家倫理學定位於效益主義。如：

　　　Angus C.Graham、Benjamin I.Schwartz 以及 Stanford Encyclopedia of
　　　Philosophy，都視墨家思想為效益主義〔註4〕。

　　最後，筆者考察關於臺灣學界與中國大陸學界為例，以《墨子》或「墨家思想」進行其博士論文為論者，其專以分類為哲學學門之研究者，在臺灣部分，自西元 1974 年薛保綸：〈墨子的人生哲學〉與 1990 年吳進安：〈孔子之「仁」與墨子「兼愛」比較研究〉以及 2003 年孔炳奭〈《禮記》與《墨子》喪葬思想比較研究〉迄今（西元 2020 年），較少有以《墨子》或「墨家哲學」或「墨子思想」為題的博士論文題目。

　　而中國大陸部分以《墨子》或「墨家哲學」或「墨子思想」為題的博士論文，僅有樊國基於 2001 年在於東華師範大學發表之〈墨家語言觀的探究——兼論其言象符號意義的理想化〉、2010 年武漢大學的楊建兵所發表的〈墨家倫理研究〉以及天津大學的呂曉斌、魏艾於 2013 年之分別於天津大學以及東南大學之〈朱熹的墨子觀〉與《《墨子》倫理思想研究〉…等十餘篇之論文，若要以近二十年之關於針對《墨子》文本之倫理問題進行探討之博士論文，則僅有寥寥數篇為論〔註5〕，故有以《墨子》為本文論題的想法。

〔註 2〕湯智君，《墨子、韓非子研究論集》，頁 79。
〔註 3〕同上註。
〔註 4〕孫中原、吳進安、李賢中：《墨翟與《墨子》》頁 486。
〔註 5〕筆者按：查找相關資訊，中國大陸以墨家或《墨子》學說為博士論文的相關
　　　　資訊，自 2001 年至 2016 年僅有十餘篇，筆者羅列如下：樊國基：〈墨家語言

再者，由於「墨家哲學」之思想與觀念不同於「效益主義」，然在於前文所述之意義與理論上，筆者亦分別進行論述，然對於二者思想重整之爬梳，主要以《墨子》道德哲學為出發，再進一步釐清相關問題，理應以當重新思考其相關之問題，並以文獻探討為出發點，針對不同的命題、情境與理論使用不同的研究方法進行研究，再考察《墨子》書中對於判斷標準的看法並解進行其思維的釐清，再進一步的對於「墨家哲學」中不可或缺的理論基礎：「天」「義」「利」以及「兼愛」等概念進行討論與重詮，最後將「《墨子》道德哲學」與「效益主義」此一當代討論頗豐的重要論題進行研究，最後再將此一問題的誤解、曲解或者重大的新詮進行分析，並以此為論。

最後在於本文結論部分，筆者試圖將本文之結論一分為二，首先針對「《墨子》道德哲學的獨特性與限制」進行說明，再者以「《墨子》道德哲學的時代意義」此一論述進行思考，並進行最後的總結。

第一節 《墨子》道德哲學的獨特性與限制

在本段中，筆者最後以：「《墨子》道德哲學的獨特性與限制」為開端，並以這兩個問題進行討論，並於最後以「《墨子》道德哲學的現代意義」進行全文的總結。然而墨家哲學的獨特性部分，大多數學者們都承認墨家哲學有著鮮明的特色，「墨家哲學」涉及到「政治」、「經濟」、「倫理」、「教育」、「自然科學」、「邏輯」理論（如：三表推論、墨辯邏輯……等）以及「軍事」等各個領域」如在政治上提出〈尚同〉、〈尚賢〉等理論，而在經濟面亦提及〈節葬〉、〈節用〉等思想，然在倫理上有著〈兼愛〉等諸多篇章，面對教育領域亦有〈所染〉等篇，而在科學領域的理論亦在《墨經》有著許多的描述，其中包含了物理學、力學、光學、幾何學等，再者在其兵學上有著〈備城門〉等篇的守城術（現存十一篇）其中亦生動的描述實際運用的情況。

觀的探究——兼論其言象符號意義的理想化〉，東華師範大學，2001 年；錢永生：〈論墨子思想結構的生成〉，首都師範大學，2002 年；童恒萍：〈墨家與中國古代科技思想〉，華南師範大學，2006 年；李光輝：〈墨子和諧社會思想研究〉，首都師範大學，2007 年；王繼學：〈墨學對晚清民國社會發展的影響〉，山東大學，2010 年；徐華：〈墨學新論：《墨子》佚文及墨家學說研究〉，安徽大學，2010 年；楊建兵：〈墨家倫理研究〉，武漢大學，2010 年；呂曉斌：〈朱熹的墨子觀〉，天津大學，2013 年；魏艾：〈《墨子》倫理思想研究〉，東南大學，2013 年；沈韜：〈墨學與馬克思主義中國化關係研究〉，西北大學，2016 年。

　　由於墨家哲學十分重視「實踐」，因為墨子認為對於空具理論，無法實踐的言論稱之為「蕩口」〔註6〕之論，而在實際上墨家哲學亦提出其實踐方法（如：十論、「兼愛相利」……等），葛兆光說：

　　墨子一系則出屬於十分堅定的現世實用主義，他們有一種極為實用的思路，為了富裕、繁庶、安定，為了消除三大憂患，那種理想中的形式主義的繁文縟節可以取消，一切圍繞著實際社會的現實問題開始思索。」〔註7〕。

　　正如王冬珍所說：「此講求實際效用的精神，正可以彌補儒家外王之學的不足」。〔註8〕由於「墨家哲學」具有極為特殊的道德基礎的「天」思想以及具有高度道德使命的「任俠」精神，我們亦可以在《墨子》文本中發現「止楚伐鄭」、「止楚攻宋」、「阻齊侵魯」……等，這些墨家具體行動的歷史記載，正如張純一注云：「墨家枯槁不舍，不必仕進，始行其志。此言君子愛利天下，有進無退。雖事或不濟，而志且益堅」。〔註9〕的墨家精神，然而就墨家哲學的系統上亦有著特別之處。誠如張岱年所說：

　　墨子造立一個整齊的系統，在中國哲學中，實為甚特異的。墨子思想更有兩個卓異的觀點，實為其全系統之根荄。此兩觀點便是：一，墨子詰問制度之根據，而給出一個答案曰：一切制度之設立，皆應以求人民之大利為鵠的。二，墨子指出一般有限道德之謬誤，而以為道德原則應以全體人民為範圍。……一般的道德規律，常有其特

〔註6〕〈耕柱〉篇云：巫馬子謂子墨子曰：「我與子異，我不能兼愛。我愛鄒人於越人，愛魯人於鄒人，愛我鄉人於魯人，愛我家人於鄉人，愛我親於我家人，愛我身於吾親，以為近我也。擊我則疾，擊彼則不疾於我，我何故疾者之不拂，而不疾者之拂？故有我有殺彼以我，無殺我以利。」子墨子曰：「子之義將匿邪，意將以告人乎？」巫馬子曰：「我何故匿我義？吾將以告人。」子墨子曰：「然則，一人說子，一人欲殺子以利己；十人說子，十人欲殺子以利己；天下說子，天下欲殺子以利己。一人不說子，一人欲殺子，以子為施不祥言者也；十人不說子，十人欲殺子，以子為施不祥言者也；天下不說子，天下欲殺子，以子為施不祥言者也。說子亦欲殺子，不說子亦欲殺子，是所謂經者口也，殺常之身者也。」子墨子曰：「子之言惡利也？若無所利而不言，是蕩口也。」；〈貴義篇〉亦云：子墨子曰：「言足以遷行者，常之；不足以遷行者，勿常。不足以遷行而常之，是蕩口也。」
〔註7〕葛兆光：《中國思想史》第1卷，上海：復旦大學出版社，2004，頁106。
〔註8〕王冬珍：《墨子思想》，頁71。
〔註9〕張純一：《墨子集解》，頁83。

別的應用範圍，出乎此範圍，則以原來規律之反面為道德，墨子對此，曾痛切指陳〔註10〕，由於，普通所謂道德，不能應用於國與國之間。國際之間的行為，不受一般道德的裁制。至如階級道德，不能應用於階級與階級之間，對於同一階級之人所應遵守之行為規範，對於不同階級之人，便可不遵守之。墨子深以此類情形為不然，而以為一般道德規範應以人民全體為應用範圍。墨子此說，在二千年後之今日，故仍為不易實現之理想，然而實為人類應努力以求的最高理想。〔註11〕

成中英亦認為：

墨家哲學在中國古代思想中佔據極為獨特的地位。它一方面對儒學提出了建設性的批評，另一方面卻建立了一套新的社會史觀與政治理想。……墨子能建立墨家哲學固然有其歷史與社會背景與之相應，但他能夠獨立於傳統，掌握經驗和理智為其立論的根據，也是墨家成為顯學的重要因素。〔註12〕

如前所述，我們可以在眾多文本中發現儒、墨二家是並稱顯學，而二家均極具影響力，如：《漢書・藝文志》、《韓非子・顯學篇》、《荀子・成相》、《孟子・滕文公下》、《呂氏春秋・有度》、《述學・墨子序》、《仁學》以及《孔子改

〔註10〕〈非攻上〉曰：「今有一人，入人園圃，竊其桃李，眾聞則非之，上為政者得則罰之。此何也？以虧人自利也。至攘人犬豕雞豚者，其不義又甚入人園圃竊桃李。是何故也？以虧人愈多，其不仁茲甚，罪益厚。至入人欄廄，取人馬牛者，其不仁義又甚攘人犬豕雞豚。此何故也？以其虧人愈多。苟虧人愈多，其不仁茲甚，罪益厚。至殺不辜人也，扡其衣裘，取戈劍者，其不義又甚入人欄廄取人馬牛。此何故也？以其虧人愈多。苟虧人愈多，其不仁茲甚矣，罪益厚。當此，天下之君子皆知而非之，謂之不義。今至大為攻國，則弗知非，從而譽之，謂之義。此可謂知義與不義之別乎？殺一人謂之不義，必有一死罪矣，若以此說往，殺十人十重不義，必有十死罪矣；殺百人百重不義，必有百死罪矣。當此，天下之君子皆知而非之，謂之不義。今至大為不義攻國，則弗知非，從而譽之，謂之義，情不知其不義也，故書其言以遺後世。若知其不義也，夫奚說書其不義以遺後世哉？今有人於此，少見黑曰黑，多見黑曰白，則以此人不知白黑之辯矣；少嘗苦曰苦，多嘗苦曰甘，則必以此人為不知甘苦之辯矣。今小為非，則知而非之。大為非攻國，則不知非，從而譽之，謂之義。此可謂知義與不義之辯乎？是以知天下之君子也，辯義與不義之亂也。」
〔註11〕張岱年：《中國哲學大綱》，頁642。
〔註12〕鐘友聯：《墨家的哲學方法》，成序，頁1。

制考》……等所記載，但是在中國歷史的演變下，墨家卻成為伏流而進入社會之中，但其思想仍間接影響社會，而在《墨翟與《墨子》》一書中更表示在中國歷史的洪流中對於墨家並不公平：

> 在中國古代文化中，常「儒墨」並稱，「孔墨」對舉。檢索《四庫全書》，其中「儒墨」並稱和「孔墨」對舉有上千次之多。在中華傳統文化中，儒家佔第一位，墨家應該佔第二位，但歷史對墨家不公平，後來叫「儒釋道」，沒有墨家的地位。墨家在中世紀，由漢到清，兩千多年衰微不振。……墨學是生根於社會底層的思想學說，是多元社會的一個側面。儒學借助封建政權的力量，無限膨脹、碩大無比，畢竟不足以把墨學從中國社會角落連根拔除。從漢到清兩千多年，由封建社會特點決定，墨學沒有成為文化的主流。墨子和墨學的曲折影響還在，道教、農民起義和文學作品仍從墨學汲取元素，改頭換面，加工製作，使墨學間接影響社會。〔註13〕

筆者以為當代研究「墨家哲學」的學者們均努力的使「墨家哲學」這舊有的顯學試圖重現今世。另外，「墨家哲學」還具備怎麼樣的獨特性呢？「墨家哲學」在進行道德實踐的時候，具備著極高的靈活性，能根據不同的情況進行最適當的調整，這也是前章節所提及「墨家哲學」不同於「效益主義」的其中一個特點，這也說明了「效益主義」與「墨家哲學」的不同之處，也更表示著「墨家哲學」不應被侷限在「效益主義」之中，筆者十分認同《墨翟與《墨子》》一書中所述：

> 墨學是多元化的思想，在倫理思想方面具備了多樣化的觀點，體現著許多倫理學問題的面向，並不能將之侷限於某一類型理論。…墨學倫理思想在實際道德實踐上的靈活性，…在進行道德實踐時，可以應不同的情境變化，做出合宜的行為調整。〔註14〕

在「墨家哲學」中的這個「實踐的靈活性」之特點，誠如孫長祥所言：

> 由於墨學以實踐為本，而墨辯則採「語言──行動」（辯護與應用）並進的策略，從思維、語言的角度探討墨學行動規範的「思辨合理性、行動合法性、選擇合宜性」問題。這種以合理行動必須經由理性辨析、判斷行動知識符合規範的真理中效性、由內在規範聯繫與

〔註13〕孫中原、吳進安、李賢中：《墨翟與《墨子》》，頁36～37。
〔註14〕孫中原、吳進安、李賢中，《墨翟與《墨子》》，頁373。

表現為外在行動的正當合法性、以及在情境中實踐行動的有用可實
現性的主張，形成墨學行動規範邏輯的最主要特徵。〔註15〕

再者，面對其所述之關於「墨家哲學」的幾個特殊思考，其表示：

「思辨合理性、行動合法性、選擇合宜性」的思考，若對比本文所
述的效益主義與墨家哲學的異同處與現實意義上來看，兩者的相通
之處乃是均重視效果與現實情況下意義，但不同之處是，墨家在考
察行為的時候強調了「效果」（雖然這種效果的實質是整體主義的
「利他」而不是西方功利主義的個體主義的「利己」）的重要性，甚
至認為「效果」重於「動機」。墨家主張對人的行為進行價值判斷時
應該堅持動機和效果的統一，「合志功而觀」，不過人們的動機和效
果往往不會一致，所以墨子進一步指出：在一個人的行為完成過程
乃至一定效果出現的時候，一般情況下應著重以功效來評價行為、
衡量動機。〔註16〕

由以上所述，我們能推斷出在墨家哲學中扮演著權衡判斷輕重的一個重
要的關鍵：「權」，我們發現墨學倫理思想在實際實踐上的靈活性，特別是其
「權」概念的提出，在進行道德實踐，可以因應不同的情境變化，做出合宜
的行為調整，而「權」是墨家哲學中極為特別的一個概念，然而其中是否亦
有著其侷限之處呢？楊建兵認為：

「權」既是「權變」、「變通」之意，亦有「正中」、「中道」之意。
「權變」、「變通」就是要根據實際情況，「利之中取大、害之中取
小」；但是，「變通」並不是無原則的，最終要合乎「正道」、「中
道」，這個「正中之道」即「義」…「害之中取小也，非取害也，
取利也」，「取利」才是「權」的精髓。事實上，在現實中「權」
的方法也不能解決所有的問題，「權」的侷限性主要在於它只涉及
單一的主體對「利」的取捨，沒有考慮到「利」的主體是多元化
的，這就需要另一種取捨的策略，就是「求」。「求」就是在「利」
的取捨中要照顧到「利」的不同主體，以及每一個「利」主體的
自主性。〔註17〕

〔註15〕孫長祥：《思維・語言・行動——現代學術視野中的墨辯》，頁149。
〔註16〕余衛東、徐瑾：〈墨家功利觀與西方功利主義的比較〉，頁294。
〔註17〕楊建兵：《先秦平民階層的道德理想——墨家倫理研究》，頁41。

　　關於其所述「權」的侷限性主要在於它只涉及單一的主體對「利」的取捨，沒有考慮到「利」的主體是多元化的，而又說明了在墨學中另一個取捨的策略：「求」，然而〈大取〉有云：「於所體之中，而權輕重之謂權。權，非為是也，非非為非也。」衡量它的輕重叫做「權」。其又云：「於事為之中而權輕重之謂求，求為之，非也」也說在情況發生時衡量輕重也叫做「求」。只注重求，是不對的。而此二處的說明亦表達了「權」與「求」在進行衡量或評估後的選擇差異在於「於所體之中」與「於事為之中」這二者的不同之處，其二者雖不相同，但亦表示了「墨家哲學」中「權求」的密不可分的關係，在這個部分《墨子》亦給了清晰的回應。

　　然而關於墨家哲學是否還具有其他的限制性呢？一般認為，墨家哲學過度的理想化，但是我們在文中論述的過程裡，已經說明了墨家哲學對理想的嚮往，並且落實在道德實踐當中，這正是墨家精神的展現也間接證明了墨家哲學並不是「盪口」的學說而是可行的理論。

　　此外，陳弘學認為墨家哲學有另一個限制，他說：「墨子功利思想陷入了套套邏輯〔註18〕的泥淖之中，其表示：

> 功利思想的精神是什麼？答：實現集體最大利益。又問：集體最大利益（功利思想）如何可能？答：只要每個人都願意自我犧牲，就能成就集體最大利益。問：那麼如何證明與確信，別人也會願意跟我一樣自我犧牲？答：根據功利原則，只要我們都能自我犧牲，做到『視人之國若視其國，視人之家若視其家』，就能消弭天下的禍篡怨恨，產生集體最大利益。因為有這樣的結果，所以大家必然相信且願意奉行兼愛學說。〔註19〕

　　但是筆者以為，然而其雖以邏輯方式說明墨家哲學之限制，但是忽略了墨家精神，由於墨家精神是其中極為重要的環節，墨子之言行、《墨子》之記載均代表著墨家哲學之實踐的可能，又或者可以說如果「和平」是不可能，那就不要去追求「和平」嗎？墨者仍然會為了「和平」去奔走、奮鬥、從事、

〔註18〕套套邏輯（tautology）即邏輯學所稱之恆真句，乃證明過程先行預設結論為真，無論每個變元之真假值為何，完構句（well-form formula）之真假值也必然為真。基本上套套邏輯沒有證成任何事情，因而無法建構真實有效的知識。轉引自：陳弘學：〈效益作為行動之準據——關於墨家功利思想的重釋〉，頁226。

〔註19〕同上註。

說理，而在「權求」之下的情況，或許不能成就「和平」，但亦至少成就了「停戰」的情況或許我們能這樣去理解墨家學說與其精神，筆者以為我們不能僅僅以邏輯方式去認識「墨家哲學」，或許更應該以更多不同的面相與思考去理解「墨家哲學」。

此外，關於「墨家哲學」的思想特性的部分，李賢中給予了這樣的說法：

> 墨學的思想特性包含著：（1）強調理論與實際密切聯繫，尤其與國家的治亂、人民的福祉密切關聯。（2）墨學理論掌握現象中的因果關係，兼具人文性與科學性，其所觀察的不僅有許多是與人有關的事態的因果關係，如墨學十論的內容，其中也包含許多純粹、精確的自然科學對象上的因果關係，如《墨經》中光學、力學、物理學、幾何學等相關內容；（3）其理論的人文性與科學性有所融合。以科學的方法解決人文的問題，以人文的精神導引科學知識的發展。〔註20〕

筆者十分贊同此一說法，由於「墨家哲學」在其發展的過程當中，不僅引反映了所處社會的現實情況以及面臨的問題，「墨家哲學」亦從中尋求問題的答案，更提出了解決之道以反映面對的這些問題的解答，換句話說，「墨家哲學」是強調理論與實際的並重，然而「墨家哲學」關心的是「天下之治」以及「天下之利」，其通過觀察、經驗以及推論試圖達至其理想。

如前所述，「墨家哲學」中含有客觀與邏輯的科學精神，而「墨家哲學」中的科學精神是以「倫理精神」為導向的，我們可以在〈魯問〉篇清楚的發現這層意涵：

> 公輸子削竹木以為鵲，成而飛之，三日不下，公輸子自以為至巧。
> 子墨子謂公輸子曰：「子之為鵲也，不如匠之為車轄。須臾劉三寸之木，而任五十石之重。故所為功，利於人謂之巧，不利於人謂之拙。

這也是「墨家哲學」中對於科學的發展是以「倫理精神」為基礎的清楚證明，其目的乃是為了謀求「天下之利」，「墨家哲學」是將科學方法與人文精神互相援引交融的，在此我們能說「墨家哲學」不是側重於是某一端的理論，而正是如上所述的：「墨家哲學」是科學與人文精神並重的一門極為特殊的學說。

〔註20〕李賢中：《墨學——理論與方法》，頁 214～215。

第二節 《墨子》道德哲學的時代意義

在本文中論及《墨子》道德哲學之道德內涵，進而研究「墨家哲學」中不同的判斷方式與思維釐清企圖查找其中重要的意涵，再以「墨家哲學」中的重點概念進行論述與重新理解及詮釋，進一步的探討其「利」為何？其「利」之特性又為何？之說明，再者點出《墨子》道德哲學的不可計量性，由西洋古典效益主義之可計量方法交互比較出《墨子》道德哲學之「不可量化的道德」與效益主義中「可量化的道德」之不同處進行爬梳，是以提出《墨子》道德哲學的相關問題討論與分析前章節之關鍵性概念，進一步以說明「利」與「效益」之差異性，以及中國哲學提及之「天下」與西洋哲學中「最大多數人的最大善餘額」兩觀念之對比研究；最後此一論題由「道德的可否量化」為進路，結論出《墨子》道德哲學與西洋古典效益主義差異之處。

然而，如同馮耀明所述：

> 「哲學」並不是一個自然種性語詞（natural kind term），因此它與其他學問並無絕緣式的分界，反而彼此在互相滲透中可以得到滋潤。哲學是一種發展性的思考活動，它根本不可能也不需要設定任何理想的結局。它只有用不同的聲音或話語與不同領域的學問展開永無止盡的對話，從而使自己在不同的社會、歷史脈絡中伸展向前，以薰陶或啟迪個脈絡中各個體的理性生命。〔註21〕

據此，由於在前一章節已說明了《墨子》道德哲學的獨特性與侷限性之後，最後在此章節以《墨子》道德哲學的未來性與當代之意義進行的總結。

誠如前文所述，由於本文針對的乃是《墨子》一書中的「道德哲學」以進行研究，關於以上是筆者試著將「《墨子》的倫理學」理論進行相對窄化與聚焦研究的目的與結果。另外，本文強調關於《墨子》理論部分之探索、理解與重詮，目的乃是試圖著希望能相對精準的針對主題以進行思考、判斷並給予回應，最後進一步地思考未來研究之進路與開展的可能。

雖然筆者仍是以「墨家哲學」中倫理思考與道德實踐的角度，並在這個層面上為思索方向作為前題，然而先以「道德哲學」為出發進而希望開展其倫理學系統化之思考與新詮，在未來研究之路將可以進一步的與當代效益主義思潮、德行論、義務論或者情境倫理學……等等不同理論與學說相互參照、

〔註21〕馮耀明：《中國哲學的方法論問題》，頁13。

對話與溝通，進而將「墨家哲學」進行新的理解與開展。例如：李賢中所說：

> 將墨子思想與「以實際的效果作為真理標準」的「實用主義」相比
> 較，可以發現墨子的思想雖然也重視行為的實效也看重事實和經
> 驗，但他並不是完全以現實利益為其思想的重心，因為他的「兼愛」
> 包含著犧牲和奉獻，這從他「摩頂放踵，利天下為之。」（《孟子·
> 盡心上》）及他對禹的稱道：「腓無胈，脛無毛，沐甚雨，櫛疾風。」
> （《莊子·天下》）可見他真是為天下之利而自苦為極的實踐者。因
> 此，對於實用主義的批評未必能加諸於墨學。〔註22〕

　　透過上述的舉例便說明了以「墨家哲學」為出發點，並透過與不同的理
論與思想進行對話，再進一步參照比較溝通，而思考其中之概念並延伸、相
互討論，不僅僅可以更加的深化、深刻「墨家哲學」的理論，亦可以開展出更
多對於「墨家哲學」現代化與系統化的詮釋，形成活水。誠如馮耀明所說：

> 大率而言，傳統西方的哲學家視哲學為一切知識學問的基礎，認為
> 哲學可為文化發動之軸樞，故其哲學家以理性立法者自居。傳統中
> 國的哲學家則視哲學為一切價值的根源，為人間秩序之極則，故其
> 哲學家以述兆先聖之絕學為職志，從而有「民胞物與」的偉大報負。
> 中西哲學儘管在思想進路、內容及性格方面俱極不相同；但是，以
> 為社會、文化、歷史現象背後有一種精神實體在推動，或有一種動
> 力根源在發動，則並無二致。傳統的中國哲學家和傳統的西方哲學
> 家一樣，都把哲學視為成就個體生命以及改造社會文化的基礎，亦
> 即以之為個體生命及社會文化得以發展的源頭活水。〔註23〕

張岱年更苦口婆心以中國哲學「『知行一貫』的精神」表示：

> 印度哲學主脫離現實而別求究竟，西洋哲學不免分知識與生活為
> 二，中國哲學則主於現實生活之中體現真理，自近代西洋哲學傳入
> 後，學者多忽視身心修養。但希望中國哲學知行一貫的精神，仍能
> 繼續保持不失。〔註24〕

　　最後，《墨子》一書中的理論十分豐富且多元，也是能不斷的因應不同的
時代而提出不同的解決辦法的經典，關鍵在於研究者與詮釋者，王讚源認為：

〔註22〕李賢中：《墨學——理論與方法》，頁85。
〔註23〕馮耀明：《中國哲學的方法論問題》，頁17。
〔註24〕張岱年：《中國哲學大綱》，頁635。

所謂經典，應該是不同的時代可以讀出不同的意義。《墨子》就是這樣的一部經典著作。而一位經典的研究者（詮釋者）不但要有闡明觀念的能力，批判觀念的能力，還須具有時代的眼光，轉化應用觀念的能力，其研究成果才可能使經典古為今用，不僅僅限於歷史意義。〔註25〕

其更進一步表示：

研究諸子思想，有幾個層面可以注意：第一，諸子的思想內容；第二，諸子思想的演變和發展；第三，諸子思想對現代人有何助益。第二項屬於思想史或文化史的範圍，那是歷史的意義。第三項關係到現代人的生活，是現代的意義。〔註26〕

筆者在面對《墨子》文本進行研究的同時，首先考察《墨子》的思想內容，並以歷史背景的演變歷程進行理解。由於社會是人類的總和，社會的成立組織，是因人類欲得共同生活的條件，故個人不能離開社會而獨存，社會也不能離開人類而存在，這是社會與個人的密切關係。〔註27〕在此更涉及《墨子》的「價值」理論，如李賢中所言：

由於「價值」是道德判斷和推理的重要依據。從墨學來看，如何構成「價值」活動？其「價值」是道德構成的條件既非純然客觀的，也不是純然主觀的，而是客觀事態存在於主觀思維之中的一種評價活動。〔註28〕

有鑑於此，筆者最後思考的是「《墨子》道德哲學中的現代意義」。而陳弘學在其〈效益作為行動之準據——關於墨家功利思想的重釋〉中表示：

墨家思想在現今的社會型態下，自當有其新的時代意義，如以墨家哲學的「兼愛、非攻」入手想必可以化解許多鬥爭，而以「有力相營」、「有財相分」正可以調整經濟的平衡，然以墨子急公好義的精神亦可以發揮一定的影響力，因為我們不能僅僅具有對於某思想的理解，「思想乃是理念以及現實的綜合性產物，它既反映思想家對於普遍原理的思考，也表現了個人身處歷史特殊機緣（particular

〔註25〕王讚源：《墨子》，頁4。
〔註26〕王讚源：《墨子》，頁247。
〔註27〕孫詒讓等著：《墨子哲學》，頁224。
〔註28〕李賢中：《墨學——理論與方法》，頁128～129。

occassion）下的時代感受。〔註29〕。

再者，如同《墨翟與《墨子》》所謂之墨學的現代意義在於：

> 掌握墨家思想方法，從思想到行動，從理論到實踐；在行動中學習，
> 在學習中修正，在實踐中進步，進而發揚墨家的倫理精神，實現墨
> 家的兼愛理想。〔註30〕

此外，在本文的研究過程中理解到，誠如《墨翟與《墨子》》所述：

> 任何一種理論都不能完全籠照墨家的倫理思想，我們也不能像學界
> 輕率的將墨學歸類於其中任何一種理論類型，這可使我們進一步反
> 思墨學思想的現代意義。〔註31〕

所以我們更應當將「墨家哲學」中的理論與道德實踐更加地落實、應用於現代的社會。「墨家哲學」是十分重視實踐的一門哲學，不僅僅是其「十論」可以落實於現代社會之中，且其包羅萬象的科學理論、邏輯思維亦或兵學之道……等，我們都可以分門別類的針對不同的需求與問題，找出以「墨家哲學」作為解決之道的辦法，也可以更進一步地將墨家哲學與不同的思想、理論進行溝通、對話與相互應用，進而產生出更多面向的思考，並得出更多新的視角與看法。關於以上，這也是「墨家哲學」之所以為「墨家哲學」的意涵，這也就是「墨家哲學」現代的意義，並以此作為結論。

〔註29〕陳弘學：〈效益作為行動之準據——關於墨家功利思想的重釋〉，頁202。
〔註30〕孫中原、吳進安、李賢中：《墨翟與《墨子》》，頁454。
〔註31〕孫中原、吳進安、李賢中，《墨翟與《墨子》》，頁373。

參考文獻

參考書目（按姓氏筆劃排序）

原典注釋

1. 王先慎：《韓非子集解》，臺北：藝文印書館，1974 年。
2. 王利器：《呂氏春秋注疏》，成都：巴蜀書社，2002 年。
3. 司馬遷：《史記》，臺北：智揚出版社，2003 年。
4. 朱熹：《四書集註》，臺北：藝文印書館，1980 年。
5. 汪中：《述學》；王雲五主編《四部叢刊正編》，臺北：臺灣商務印書館，1979 年。
6. 吳汝綸：《點勘墨子讀本》，臺北：成文出版社，1977 年。
7. 來知得：《易經來註圖解》，臺南：大千世界出版社，1973 年。
8. 俞樾：《墨子平議》，臺北：成文出版社，1977 年。
9. 班固撰、王先謙補注，上海師範大學古籍整理研究所整理：《漢書補注》，上海：上海古籍出版社，2008 年。
10. 桑弘羊撰、王利器校注：《鹽鐵論校注》，北京：中華書局，1992 年。
11. 孫詒讓：《墨子閒詁》，臺北：河洛圖書出版社，1986 年。
12. 高亨：《墨經校詮》，臺北：世界書局，1981 年。
13. 梁啟超：《墨子校釋》，臺北：新文豐出版有限公司，1975 年。
14. 許慎撰、段玉裁注：《說文解字注》，臺北：洪葉文化，1999 年。
15. 許維遹、梁運華整理：《呂氏春秋集釋》，北京：中華書局，2009 年。

16. 畢沅:《墨子注》,臺北:成文出版社,1977 年。

17. 畢沅:吳旭民校點:《墨子》,上海:上海古籍出版社,2019 年。

18. 張惠言:《墨子經說解》,臺北:成文出版社,1977 年。

19. 張純一:《墨子集解》,臺北:文史哲出版社,1971 年。

20. 梁啟雄:《荀子簡釋》,臺北:華正書局有限公司,1980 年。

21. 郭象注,陸德明釋文,成玄英疏、郭慶藩集釋:《莊子集釋》,臺北:世界書局股份有限公司,1955 年。

22. 陳澧:《東塾讀書記》,臺北:臺灣商務出版社,1965 年。

23. 康有為:《孔子改制考》,臺北:臺灣商務出版社,2011 年。

24. 焦循,焦琥:《孟子正義》,臺北:世界書局股份有限公司,1998 年。

25. 楊家駱主編:《明刻淮南鴻烈解》,臺北:鼎文書局,1979 年。

26. 楊家駱主編:《新校本史記三家注並附篇二種》,臺北:鼎文書局,1980 年。

27. 墨翟撰、李魚叔註譯:《墨子今註今譯》,臺北:臺灣商務,1974 年。

28. 墨翟著、嚴靈峰編輯:《墨子集成》,臺北:成文出版社,1975 年。

29. 墨翟撰,李贄評,蕭天石主編:《墨子》《墨子批選》,《中國子學名著集成珍本初編墨子子部》:臺北:中國子學名著集成編印基金會,1978 年。

30. 蔣致遠主編:《諸子引得——論語,孟子,荀子,莊子,禮記,呂氏春秋,淮南子,韓非子》,臺北:宗青圖書出版公司,1986 年。

31. 韓愈:《韓昌黎集》:臺北,河洛圖書出版社,1975 年。

32. 譚嗣同:《仁學》,臺北:中華仁學會叢書第一集,1993 年。

一般論著

1. 王冬珍:《墨學新探》,臺北:世界書局,1984 年。

2. 王冬珍:《墨子思想》,臺北:正中書局,1987 年。

3. 王讚源:《墨子》,臺北:東大圖書公司,1996 年。

4. 王讚源主編:《墨經正讀》,上海:上海科學技術文獻出版社,2011 年。

5. 王邦雄:《中國哲學史》,臺北:里仁書局,2005 年。

6. 方授楚:《墨學源流》,臺北:臺灣中華書局,1966 年。

7. 史墨卿:《墨學探微》,臺北:臺灣學生書局,1978 年。

8. 任繼愈、李廣星主編:《墨子大全》,北京:北京圖書館出版社,2003 年（編委會主任:王玉璽）。

9. 任繼愈:《墨子與墨家》,臺北:臺灣商務印書館,1994 年。

10. 江太金:《歷史與政治》,臺北:桂冠圖書公司,1987 年。

11. 牟宗三:《牟宗三先生全集》,臺北:聯經出版公司,2003 年。

12. 牟宗三:《國史上的偉大人物‧墨子與墨學》,臺北:中華文化出版事業委員會,1953 年。

13. 牟宗三:《中國哲學十九講》,上海:上海古籍出版社,2005 年。

14. 牟宗三:《中國哲學的特質》,臺北:學生書局,1982 年。

15. 李賢中:《墨學——理論與方法》,臺北:揚智文化,2003 年。

16. 李紹崑:《墨子研究》,臺北:臺灣商務印書館,1968 年。

17. 李紹崑:《墨學十講》,臺北:水牛出版社,1990 年。

18. 李紹崑:《英譯墨子全書》,北京:商務印書館,2008 年。

19. 李紹崑:〈墨子思想〉,《中國哲學辭典大全》,韋政通主編,臺北:牧童出版社,1983 年。

20. 余英時:《中國知識階層史論》,臺北:聯經出版公司,1986 年。

21. 余英時:《從價值體系看中國文化的現代意義》,臺北:時報文化出版公司,1989 年。

22. 邢兆良:《墨子評傳》,南京:南京大學出版社,1993 年。

23. 吳進安:《孔子之仁與墨子兼愛比較研究》,臺北:文史哲出版社,1993 年。

24. 吳進安:《墨子政治哲學探微》,臺南:復文書局,1998 年。

25. 吳進安:《墨家哲學》,臺北:五南出版社,2003 年。

26. 吳晉生、黃歷鴻、吳薇薇:《墨學與當代政治》,北京:中國書店,1997 年。

27. 杜保瑞、陳榮華:《哲學概論》,臺北:五南圖書出版股份有限公司,2008

年。

28. 汪奠基：《中國邏輯思想史料分析》，臺北：仰哲出版社，1983 年。

29. 林火旺：《基本倫理學》，臺北：三民書局，2009 年。

30. 林火旺：《倫理學》，臺北，五南圖書出版股份有限公司，2004 年。

31. 林火旺：《倫理學入門》，上海：上海古籍出版社，2005 年。

32. 周玉蕙：《從現代學術論墨學》，臺北：東大圖書公司，1987 年。

33. 周長耀：《孔墨思想之比較》，臺北：世紀書局，1981 年。

34. 周富美：《墨子韓非子論集》，臺北：國家出版社，2008 年。

35. 周敏凱：《十九世紀英國功利主義思想比較研究》，上海：華東師範大學出版社，1991 年。

36. 韋政通：《先秦七大哲學家》，臺北：水牛出版社，1996 年。

37. 韋政通：《中國哲學辭典》，臺北：大林出版社，1977 年。

38. 韋政通：《中國思想史》，臺北：水牛出版社，1993 年。

39. 約翰‧斯圖亞特‧穆勒（John Stuart Mill）著，邱振訓譯：《效益主義》，新北市：暖暖書屋文化事業股份有限公司，2017 年。

40. 約翰‧斯圖亞特‧穆勒（John Stuart Mill）著，牛雲平譯：《論自由》，香港：商務印書館（香港）股份有限公司，2017 年。

41. 胡適：《中國古代哲學史》，北京：中國華僑出版社，2013 年。

42. 胡子宗、李權興、李今山、齊一、吳炯著：《墨子思想研究》，北京：人民出版社，2007 年。

43. 唐君毅：《哲學概論》，臺北：臺灣學生書局，1978 年。

44. 唐君毅：《中國哲學原論》，臺北：學生書局，1986 年。

45. 徐復觀：《中國思想史論集》，臺北：臺灣學生書局，1988 年。

46. 徐希燕：《墨學研究——墨子學說的當代詮釋》，北京：商務印書館，2001 年。

47. 孫詒讓等著：《墨子哲學》，台南：大東書局印行，1969 年。

48. 孫中原：《墨者的智慧》，北京：三聯書店，1985 年。

49. 孫中原：《墨學通論》，瀋陽：遼寧教育出版社，1993 年。

50. 孫中原：《墨學與現代文化》，北京：中國廣播電視出版社，1998 年。

51. 孫廣德：《墨子政治思想之研究》，臺北：臺灣中華書局，1974 年。

52. 孫長祥：《思維‧語言‧行動——現代學術視野中的墨辯》，臺北：文津出版社，2005 年。

53. 唐納德‧帕爾瑪著，黃少婷譯：《倫理學導讀》，上海：上海社會科學院出版社，2013 年。

54. 梁啟超：《墨子學案》，臺北：新文豐出版有限公司，1975 年。

55. 梁啟超：《墨子學案》，臺北：臺灣中華書局，1957 年。

56. 梁啟超：《墨子學案》，上海：商務印書館，1921 年。（本文以此為主要版本）

57. 梁啟超：《新民叢報》，橫濱：新民叢報社，1902 年。

58. 梁啟超：《先秦政治思想史》，臺北：臺灣中華書局，1984 年。

59. 梁啟超：《子墨子學說》，臺北：臺灣中華書局，1985 年。

60. 陳拱：《儒墨平議》，臺北：臺灣商務印書館，1967 年。

61. 陳問梅：《墨學之省察》，臺北：臺灣學生書局，1988 年。

62. 陳顧遠：《墨子政治哲學》，臺北：新文豐出版公司，1974 年。

63. 陳癸淼：《墨辯研究》，臺北：臺灣學生書局，1977 年。

64. 陳榮灼：〈作為類比推理的《墨辯》〉，楊儒賓、黃俊傑編：《中國古代思維方式探索》，臺北：中正書局，1996 年。

65. 張永義：《墨苦行與救世》，廣東：廣東人民出版社，1996 年。

66. 張知寒主編：《墨子研究論叢》，濟南：山東大學出版社，1991 年。

67. 張家焌：《先秦儒道墨思想論文集》，臺北：哲學與文化月刊社，2010 年。

68. 張岱年：《中國倫理思想研究》，上海：人民出版社，1989 年。

69. 張岱年：《中國哲學大綱》，臺北：藍燈文化事業股份有限公司，1992 年。

70. 張豈之主編：《中國歷史——先秦卷》，臺北：高等教育，2001 年。

71. 張明貴：《約翰彌爾》，臺北：東大圖書股份有限公司，1986 年。

72. 崔清田：《顯學重光》，瀋陽：遼寧教育出版社，1997 年。

73. 勞思光：《新編中國哲學史》：臺北，三民書局股份有限公司，2005 年。

74. 黃省三：《墨子思想新探》，臺北：萬卷樓圖書公司，1995 年。

75. 項退結：《中國哲學之路》，臺北：東大出版社，1991 年。

76. 陳特：《倫理學釋論》，臺北：東大圖書公司，1994 年，頁 59～60。

77. 陳山：《中國武俠史》，上海：三聯書局，1992 年。

78. 馮友蘭：《中國思想史》，上海：商務印書館。

79. 馮達文、郭齊勇編：《中國哲學史》，臺北：洪葉文化事業有限公司，2005 年。

80. 馮作民編著：《龍的傳承——中國五千年》，臺北：萬象圖書，1994 年。

81. 馮耀明：《中國哲學的方法論問題》，臺北：允晨文化實業股份有限公司，1989 年。

82. 傅偉勳：《學問的生命與生命的學問》，臺北：正中書局，1998 年。

83. 湯智君：《墨子、韓非子研究論集》，臺北：文津出版社，2013 年。

84. 舒大剛：《墨子的智慧》，臺北：漢藝色研文化公司，1996 年。

85. 葛兆光：《中國思想史》，上海：復旦大學出版社，2004 年。

86. 楊俊光：《墨經研究》，南京：南京大學出版社，2002 年。

87. 塔拉·史密斯（Tara Smith）著，王旋、毛鑫譯：《有道德的利己》，北京：華夏出版社，2010 年。

88. 楊建兵：《先秦平民階層的道德理想——墨家倫理研究》，北京：中國社會科學出版社，2012 年。

89. 蔡仁厚：《墨家哲學》，臺北：東大圖書公司，1983 年。

90. 蔡尚思主編：《十家論墨》，上海：人民出版社，2004 年。

91. 錢新祖：《中國思想史講義》，北京：東方出版社，2016 年。

92. 鄭杰文：《中國墨學通史》，北京：人民出版社，2006 年。

93. 歐崇敬：《中國哲學史·先秦卷：與世界哲學對話及重估一切價值的創造轉化》，臺北：紅葉文化，2001 年。

94. 蕭公權：《中國政治思想史》，臺北：聯經出版社，1982 年。

95. 〔德〕謝林著，先剛譯：《學術研究方法論》，北京：北京大學出版社，2019 年。

96. 薛柏成：《墨家思想新探》，哈爾濱：黑龍江人民出版社，2006 年。

97. 魏義霞：《七子視界：先秦哲學研究》，北京：中國社會科學出版社，2005 年。

98. 嚴靈峰：《墨子簡編》，臺北：臺灣商務印書館，1995 年。

99. 譚家健：《墨子研究》，貴陽：貴州教育出版社，1991 年。

100. 譚宇權：《墨子思想評論》，臺北：文津出版社，1995 年。

101. 邊沁：《道德與立法原則導讀》，北京：商務印書館，2015 年。

102. 邊沁著，時殷弘譯：《道德與立法原理導論》，北京：商務印書館，2000 年。

103. 羅光：《中國哲學思想史：先秦篇》，臺北：學生書局，1982 年。

期刊論文

1. 丁為祥：〈墨家兼愛觀的演變〉，《陝西師範大學學報，社會科學版》，第 28 期卷第 4 期，1999 年 12 月，頁 70～76。

2. 李正治：〈墨子「以義反禮」型的禮樂思索〉，《鵝湖月刊》第十七卷第六期，總號一九八。

3. 李賢中：〈「從辯者廿一事」論思想的單位結構及應用〉，《輔仁學誌——人文藝術之部》〔28〕，2001 年。

4. 李賢中：〈道德實踐中的權衡問題〉，《哲學與文化》第 32 卷第 8 期，2005 年 8 月。

5. 李賢中：〈墨家的天人關係〉，《哲學與文化》第 39 卷第 4 期，2012 年 4 月。

6. 李賢中：〈先秦邏輯史研究方法深析〉，《哲學與文化》第 44 卷第 6 期，2017 年 6 月。

7. 李賢中：〈墨家「非攻」與《聖經》有關「戰爭」思想之比較〉，《哲學與文化》第 46 卷第 12 期，2019 年 12 月。

8. 李賢中：〈墨家「非攻」與《聖經》有關「戰爭」思想之比較〉，《墨學的典範轉移以及其與基督宗教》會議論文，2019 年。

9. 吳進安：〈墨子「義利一元論」探析〉，《科技學刊》第七卷第四期。

10. 吳進安：〈從墨子義利一元論探討墨子社會正義觀〉，《東海大學文學院學報》第四十一卷。

11. 吳進安：〈墨家天人關係論探析〉，《哲學與文化》第 36 卷第 12 期，2009 年 12 月。

12. 吳進安：〈從中國古代鬼神觀念看墨學明鬼意涵〉，《哲學與文化》，第 46 卷第 12 期，2019 年 12 月。

13. 吳進安：〈墨子政治哲學的政道與治術〉，《哲學與文化》，第 26 卷，第 11 期，1999 年 11 月。

14. 余衛東、徐瑾：〈墨家功利觀與西方功利主義的比較〉，《湖北大學學報》（哲學社會科學版），第三十二卷，第三期，武漢，2005 年。

15. 佐藤將之：〈《墨子》「兼」概念的多層意涵與〈兼愛〉三篇之展開過程〉，《邁向多元他者-當代中華新士林哲學及其未來展望學術研討會暨沈清松教授七秩冥誕追思紀念會論文集》，2019 年。

16. 武敬一：〈論墨家功利主義〉，《南都學壇》（人文社會科學學報），第 27 卷，第 3 期，2007 年。

17. 周富美：〈墨子的實學〉，《臺大文史哲學報》第二十二期，1973 年。

18. 洪靜芳：〈墨子的為義精神〉，《東海中文學報》第九期，1990 年。

19. 孫中原：〈論墨家的人文與科學精神〉，《哲學雜誌》第二十八期。

20. 高柏園：〈墨子與孟子對戰爭之態度〉，《鵝湖月刊》第十七卷第六期，總號一九八。

21. 高瑋謙：〈墨家義道思想析論〉，《鵝湖月刊》第十七卷第六期，總號一九八。

22. 郝長墀：〈墨子是功利主義者嗎？——論墨家倫理思想的現代意義〉，《中國哲學史》第一期，北京，2005 年。

23. 黃士嘉：〈墨子「愛、利、義」概念之分析〉，《孔孟月刊》第三十九卷第五期。

24. 郭鵬飛：〈論墨子的「義」道與其思想系統的關係〉,《中華文化復興月刊》第十八卷第六期。

25. 許雅棠：〈以義齊之——墨子政治思想試說〉,《東吳政治學報》第十五期,2002 年。

26. 陳弘學：〈效益作為行動之準據——關於墨家功利思想的重釋〉,《清華學報》新 45 卷,第 2 期,2015 年 6 月。

27. 張耀南：〈論中國哲學沒有「功利主義」——兼論「大利主義」不是「功利主義」〉,《北京行政學院學報》,第二期,北京,2008 年。

28. 湯智君：〈論墨家「義學」的實踐〉,《聯合學報》第二十二期,2003 年。

29. 湯智君：〈墨家義利相容論〉,《聯合學報》第二十二期,2003 年。

30. 蔡明田：〈析論墨子的非攻思想〉,《東方雜誌》,1984 年 7 月。

博士論文

1. 孔炳爽：〈《禮記》與《墨子》喪葬思想比較研究〉,國立臺灣師範大學,2003 年。

2. 吳進安：〈孔子之「仁」與墨子「兼愛」比較研究〉,中國文化大學,1990 年。

3. 徐華：〈墨學新論：《墨子》佚文及墨家學說研究〉,安徽大學,2010 年。

4. 楊建兵：〈墨家倫理研究〉,武漢大學,2010 年。

5. 薛保綸：〈墨子的人生哲學〉,輔仁大學,1974 年。

6. 魏艾：〈《墨子》倫理思想研究〉,東南大學,2013 年。